AIMER ENCORE

SOPHIE DE VILMORIN

Aimer encore

André Malraux
1970-1976

GALLIMARD

J'adresse mes remerciements les plus affectueux à Florence Malraux, Louis Bertagna, Philippe de Saint Cheron et François de Saint Cheron, à mon frère Jean-Baptiste de Vilmorin, ainsi qu'à ma fille Mélanie et à son mari Marc Bonnevay, à ma fille sœur Véronique du Saint-Esprit, à mon gendre Hugues de Fleurieu, à ma sœur Élisabeth de Lassus et, particulièrement, à ma fille Claire de Fleurieu.

Mes pensées reconnaissantes vont à André-Jacques de Boislambert, Clotilde de Choiseul, Paul Cousseran, Guy de Dampierre, Louis Deblé, Anne Filali, Antonia Filali, Catherine de Karolyi, Pierre Lefranc, Tadao Takemoto, Marie-Anic Tiné.

Tous m'ont soutenue dans mon entreprise. Ils m'ont apporté une aide indispensable à son aboutissement; ils ont mis leurs souvenirs au service des miens et les ont enrichis de documents précieux.
Je tiens à leur exprimer ici ma gratitude.

pour Florence,
sa fille

pour Mélanie, Claire et Véronique,
mes filles

AVANT-PROPOS

Si je me décide aujourd'hui à publier mes souvenirs des années que j'ai partagées avec André Malraux après la mort de ma tante, Louise de Vilmorin, c'est que mon silence a laissé s'installer comme vraies trop d'inexactitudes, et se transformer trop de doutes en certitudes erronées.

J'écris donc pour livrer la vérité des événements survenus pendant la dernière partie de la vie d'André Malraux, qu'il a passée à Verrières, dans la maison de ma famille.

Je ne parlerai qu'accidentellement de sa pensée : l'œuvre d'André Malraux est là, à la portée de tous — au demeurant très bien appréhendée par les spécialistes... au nombre desquels on ne saurait me compter.

Mon propos est de raconter sa vie chez nous, avec moi — avec Florence aussi. Cette histoire passe par le filtre de ma mémoire : je l'ai vécue. Ce qui est antérieur à moi n'est pas dans ce livre.

Je ne l'écris pas pour dire que j'ai aimé André Malraux, mais pour dire que je l'aime encore.

Tante Loulou

Louise de Vilmorin était belle, séduisante et célèbre. C'est vrai. Tout le monde le sait.

On connaît moins l'importance qu'elle attachait à sa vie de famille, dont le cadre était Verrières, et pas du tout l'importance qu'elle avait pour moi.

Elle préférait Loulette ou Louisette au surnom de Loulou, mais, pour ses neveux, elle était pourtant tante Loulou. Ce n'est que plus tard que certains d'entre nous l'ont appelée Louise et tutoyée; ses petits-enfants disaient Maman Louise.

Les méfaits de la guerre sont à l'origine de la relation privilégiée qui nous a unies, tante Loulou et moi, d'une affection qui ne s'est jamais démentie.

À cette époque-là, Louise était mariée à Páli Pálffy et vivait en Slovaquie. Ses trois filles, Jessie, Alexandra et Elena, avaient été emmenées aux États-Unis par leur père, Henry Leigh-Hunt. Elle ne les a revues qu'après la guerre.

Mon père, Roger, avait cinq enfants. Engagé dès le début des hostilités, il nous avait envoyés, Maman et nous, chez Jean de Bellet, notre grand-père niçois. Pendant l'été

13

de 1940, alors que nous séjournions dans le Var, une épidémie de diphtérie a emporté notre plus jeune sœur, Claire. Quelques semaines plus tard, notre mère mourait à son tour. Nous sommes restés près de trois ans à Nice, avant que Papa, enfin démobilisé, ne vienne nous chercher.

Jusqu'alors, nous n'avions fait que de courts séjours à Verrières ; cette fois-là, nous nous y installons pour de bon. Nos oncles Olivier et André étaient là aussi.

Verrières est le nom de la propriété des Vilmorin. Le village — comme nous disions alors — s'appelle Verrières-le-Buisson.

Quelle bizarre vie fut la nôtre ! Dans cette grande maison à demi dévastée par l'occupation allemande, trois beaux jeunes gens s'ingéniaient à nourrir, à vêtir et à distraire quatre enfants, qui n'étaient plus ceux d'un seul : c'était «les enfants de Verrières». Je revois un tissu de rayonne à fond bleu marine, imprimé d'un semis serré de fleurettes multicolores, qu'une relation de marché noir avait procuré à oncle Olivier :

— Roger, tu crois que ça ferait des robes aux filles ?
— Et comment ! Elles en ont grand besoin.

Il n'y avait pas de femme dans notre vie d'orphelins.

C'est l'année suivante que Louise est arrivée. Elle revenait de Hongrie, racontant des histoires de chasse au loup dans les Carpates, d'orchestres tziganes et de cueillette de trèfles à quatre feuilles dans les pelouses du château de Pudmerice.

Elle était née un 4 avril et elle avait quatre frères ; c'est pourquoi elle avait choisi comme emblème, en ce temps de guerre et de séparation, le trèfle porte-bonheur qui devait les protéger. Elle le faisait graver, imprimer, broder partout ; son papier à lettres, ses bagages, son linge de maison,

14

sa vaisselle en étaient marqués. Elle le dessinait, couronnant la tige bouclée de son initiale.

Ce trèfle-signature était souligné en arrondi par la devise : «Au secours!» Cet appel est gravé dans le banc que Louise a voulu que l'on dresse sur la pelouse où elle est enterrée. Récemment, quelqu'un m'a demandé si c'était la peur de la mort qui l'avait amenée à faire porter là cette inscription. Absolument pas. C'est la vie qui lui faisait pousser ce cri d'angoisse : boiteuse, il lui fallait s'appuyer sur un bras ami pour marcher commodément ; elle ne conduisait pas, et, d'une façon générale, toutes les instances de la vie pratique l'obligeaient à appeler à l'aide. Mais son profond malheur venait de son pouvoir de séduction dont elle jouait avec excès :

— Je le séduis, quelle merveille! Qu'il m'admire, qu'il m'adule, qu'il me comble de cadeaux, c'est exquis! Mais restons-en là!

On n'en restait jamais là. Et elle était embarquée dans une aventure où ses propres sentiments ne trouvaient pas leur compte, une aventure dont l'issue était la solitude, qui la guettait, la retrouvait immanquablement.

«Au secours!»

Louise était certes dans le bonheur d'être de retour à Verrières près de trois de ses frères, mais pour cette mère le vide était cruel :

La maison des enfants
Est livrée au grand vent
Leurs chambres sont désertes.
Le grand vent du matin
Ne dénoue au jardin
Nul ruban de soie verte.

. . . .
Loin de moi grandissez
Enfants de mon passé
Qui vivez en voyage[1].
. . . .

Or je me suis trouvée là.

À la première minute, sa fantaisie m'a éblouie. Il faut dire que notre famille maternelle était conventionnelle à l'extrême — le couvent de l'Assomption également —, aussi les façons libres et désinvoltes de ma tante m'ont-elles fascinée : un soir elle a envoyé la voiture de lady Diana Cooper nous chercher, ma sœur Élisabeth et moi, chez notre professeur de piano, pour boire un dernier verre de champagne avec elle dans le salon vert de l'ambassade d'Angleterre, avant de nous ramener à Verrières — nous avions treize et quatorze ans, portions nos robes marin d'uniforme, mais la situation lui paraissait tout à fait normale... et moi, j'étais grisée.

En ces dernières années de guerre, la vie s'organisait. À Verrières, si le salon est resté commun à Louise et à ses frères pendant quelque temps, chacun avait investi la partie de la maison qui lui convenait le mieux, on aménageait des chambres, on parlait de travaux...

Oncle Olivier est parti — remplacé quelque vingt ans plus tard par son fils, Sosthène.

Puis, mon père s'est remarié, nous donnant une belle-mère que nous avons beaucoup aimée[2]. Elle avait trois enfants, Anne, Irène et Arnould, un peu plus jeunes que

---

1. «La maison des enfants», *Le sable du sablier*, Gallimard, 1945.
2. Une Anglaise, Edith Lowther, veuve du baron Jacques Thenard, tombé en 1940.

nous, avec lesquels nous nous sommes très bien entendus. Nous étions comme frères et sœurs, jusqu'à ce que l'amour s'en mêle et que mon frère aîné, Nicolas, épouse Irène — mais j'anticipe.

Oncle André s'est marié peu après. Alexandra est arrivée d'Amérique pour quelque temps. Chaque famille s'est installée de façon complètement indépendante. Tante Loulou habitait le «pavillon».

Cette partie de la maison, la plus ancienne, construite au début du xviiie siècle était un pavillon de chasse pour Louis XIV lorsqu'il courait le sanglier dans le bois de Verrières. C'est un bâtiment en lanterne : on y accède par une porte-fenêtre; en face, une autre lui répond qui donne sur le parc. Lorsqu'on entre par la cour, à gauche il y a la cage de l'escalier et, tout de suite après, le fumoir; au-delà, la salle à manger et les pièces de service. Le salon se trouve à droite. C'est la dernière pièce à ce bout de la maison, pièce inondée du soleil du soir qui laisse dans l'ombre aux fenêtres le paysage qu'ont créé mes ancêtres botanistes; pièce à laquelle Louise a donné une âme. Elle l'a décorée en bleu — en bleu à fleurs blanches; tous les meubles étaient recouverts du même tissu que les rideaux. Plus loin, c'est déjà le jardin, accessible par une petite porte près de la cheminée, rarement ouverte, à travers laquelle seuls les chats ont à présent leur passage.

Célèbre salon bleu où régnait Louise de Vilmorin ! Elle aimait que ses filles — qui faisaient auprès d'elle de longs séjours — et ses neveux s'y mêlent à ses illustres amis, et nous y avons connu un monde éblouissant : Jacques Prévert et Georges Van Parys, Alexandre de Yougoslavie et Francis Poulenc, Gina Lollobrigida, Jacques Février, Assedin Alaya, Maurice Druon… et combien d'autres ! Nous appelions par leur prénom les habitués du dimanche, Marion

Pike, Georges Lourau, René Clair, Roger Nimier, Bernard Zehrfuss ou Orson Welles, et «oncle» Jean Cocteau.

Mon frère Jean-Baptiste était très brun. Il comptait parmi les préférés de tante Loulou qui l'appelait son «diamant noir». Lui et moi restions souvent dîner chez elle, mais les soirs de joute poétique nous étions moins à notre aise lorsque, se tournant tout à coup vers nous, elle disait :

— Jean-Baptiste, à toi. Qu'est-ce que tu nous récites?

Ouf, je l'avais échappé belle!

Tante Loulou trouvait en moi une âme à façonner et une compagnie précieuse, avec l'avantage de ne lui imposer ni responsabilité ni contrainte. Elle avait besoin de moi pour m'enseigner le sens poétique et la suprématie de l'art, pour m'engueuler parce que je faisais peu de progrès, et pour se perdre en bavardages.

Son principe éducatif de base était : «Tout est permis, sauf la vulgarité.» Un jour, elle est entrée dans le salon alors que mon admirateur du moment m'embrassait. Elle s'est fâchée :

— Ton comportement est inacceptable. On arrive au salon tout embrassée!

Je l'imitais beaucoup, malheureusement sans grâce... J'ai même essayé d'écrire, mais aux premières lignes qu'elle a lues :

— Toff, arrête! Tu n'as aucun style.

Nous avions une formidable connivence. Le cas échéant, elle se servait de moi comme alibi; je me souviens d'un télégramme qu'elle avait reçu de Jean-Pierre Aumont : «Dînons ensemble demain, si Sophie permet...»

Il est arrivé que, montant à sa chambre après une soirée passée avec moi, se sentant désespérément seule, elle me dise :

— Sophie, ne rentre pas chez toi, ne me laisse pas. Reste dormir dans la chambre bambou.

Elle n'a jamais su garder un secret : elle répétait aussitôt tout ce qui lui était dit en confidence, et racontait sous le sceau du secret ses propres histoires à trois amies dans la même journée. Or je ne suis qu'accidentellement indiscrète et elle trouvait épatant de n'avoir jamais été mise dans un mauvais cas, en famille, par mes propos intempestifs. Et Dieu sait si la famille jasait !

Malgré son caractère autoritaire et capricieux, son injustice et son sens très personnel de la morale, aucune femme n'était aussi merveilleuse que ma belle, ma généreuse, ma fidèle tante Loulou. J'étais subjuguée par son imagination, sa drôlerie, son opiniâtreté, sa tristesse aussi. Je l'aimais tendrement et son affection sans faille m'a enveloppée jusqu'à son dernier souffle.

L'année où Elena habitait Verrières, elle a fait un séjour à Vienne et s'est entichée d'un bel Autrichien. Après Noël, elle a voulu passer quelques jours à Kitzbühel avec son admirateur, et je suis allée avec elle. C'est là que j'ai rencontré un Hambourgeois qui s'appelait Robert Miles Reincke. Nous nous sommes aimés, et nous nous sommes mariés, à la fin de 1955.

Miles et moi avons vécu en Allemagne, près de Munich. Louise est venue m'y voir tous les ans.

De retour à Verrières, dix ans plus tard, j'ai habité quelque temps, avec mes filles Mélanie, Claire et Véronique, un petit appartement dans une tour récente mais ne comportant pas d'ascenseur. Chaque semaine, Louise venait y dîner avec moi, claudiquant jusqu'à mon troisième étage, et, lorsqu'un changement de projet la retenait, elle envoyait son valet, Terzo, me porter deux bouteilles de vin pour me consoler !

Louise...

Quand nous étions ensemble dans la grande maison, je la voyais tous les jours. J'étais au pied de son lit au moment de son petit déjeuner, j'étais dans sa salle de bains, le soir, lorsqu'elle s'apprêtait pour sortir. Je tricotais près d'elle pendant qu'elle écrivait ; elle me disait :

— Toff, combien d'«f» à effluve ?

Toujours fourrée dans son salon où j'ai rencontré tant de gens de renom, je ne pouvais manquer d'y trouver enfin André Malraux.

Louise et André

Au début des années trente, à la terrasse de chez Francis, place de l'Alma à Paris, André Malraux avait suggéré à Louise de Vilmorin de s'essayer à l'écriture plutôt que de persévérer dans l'aquarelle. Tentée par ce projet, elle lui avait envoyé, de Las Vegas où elle séjournait chez les parents de son mari américain, les pages de son premier roman, *Sainte-Unefois*, au fur et à mesure de leur composition.

Elle me racontait cela, quinze ans plus tard, d'un ton léger, très flattée d'avoir séduit un homme que l'attribution du prix Goncourt rendait célèbre. Mais que me racontait-elle ? les sentiments, l'homme, son influence sur son œuvre à elle ; pas du tout son œuvre à lui.

Ma tante se préoccupait de mon éducation littéraire. Mais, au fil des années, alors qu'elle m'avait envoyé les *Mémoires d'outre-tombe* lorsque j'étais pensionnaire en Angleterre et qu'elle me parlait de Cosette en pleurant, alors qu'elle m'avait fait lire *Le hussard bleu*[1] et enjoint d'apprendre par cœur *Le repas ridicule* ou *Le cimetière marin*,

1. Roger Nimier, Gallimard, 1950.

à aucun moment elle ne m'a recommandé la lecture de *La condition humaine*. J'en suis à me demander ce qu'elle savait des écrits d'André Malraux, de sa pensée; ce qu'elle comprenait des combats de cet homme toujours engagé, elle qui n'avait jamais pris aucun engagement.

Lorsque leur amitié se resserre et se noue vers la fin de leurs vies, Louise connaît évidemment la célébrité d'André Malraux, mais sait-elle au juste sur quoi se fonde cette célébrité?

Je pose cette question car je sais que Louise n'a pas mesuré le poids du colosse qui s'asseyait en face d'elle, en ce jour d'avril 1967, pour le premier déjeuner qu'ils prenaient tête à tête depuis plusieurs décennies. Toute au triomphe de conquérir un homme aussi prestigieux qu'André Malraux, elle n'a pas pressenti que la puissance de son renom porterait ombrage au sien, que la force de son caractère entraverait sa liberté. Elle, la folâtre, n'a pas su qu'il était un monogame d'une jalousie incoercible et d'une possessivité intransigeante. Elle le voulait séduit, admiratif et docile, lui ne pouvait que tenter de l'assujettir.

À la fin de 1967, presque tous les soirs, la DS ministérielle crissait sur le gravier en se rangeant devant le perron de Verrières : André Malraux venait faire sa cour à Louise de Vilmorin, avant de regagner la Lanterne, la belle maison de fonction qu'il occupait à Versailles, dont le jardin ouvrait directement sur le parc royal.

Un soir, je suis passée voir Louise sans savoir qu'il était là. C'était l'époque où j'habitais la tour de l'autre côté de l'avenue et je voyais peu souvent ma tante qui se faisait de plus en plus rare; je venais donc aux nouvelles. La double porte du salon bleu était tirée, pas réellement fermée, et j'entendais la voix rapide et feutrée d'André

Malraux. Envahie de timidité, j'ai dansé d'un pied sur l'autre pendant une minute, mais la détermination l'a emporté ; alors je suis entrée très vite, trop vite, et me suis arrêtée brusquement à quelques pas de la table près de laquelle Louise et lui étaient assis. Voyant que je n'en menais pas large, elle m'a dit :

— Tu dois l'appeler «monsieur le ministre»; mais ne t'inquiète pas, il est très gentil.

Je n'en suis pas moins repartie comme j'étais venue, brusquement, sans m'attarder.

Beaucoup plus tard j'ai demandé à André ce qu'il avait pensé de moi lors de cette intrusion, et il m'a répondu laconiquement :

— Un homme.

— Et maintenant ?

Il m'a simplement regardée — comme on regarde une femme.

Au cours de l'année suivante, André Malraux a voulu épouser Louise, mais les avocats n'ont pu établir un accord lui permettant de divorcer de Madeleine Lioux, et le projet de mariage n'a pas abouti. Devant cet échec, Louise a dit :

— Ça ne fait rien, cher André, de nos jours il n'y a que les prêtres qui se marient !

Cela se passait au moment où avait éclaté le scandale de l'abbé Jean-Claude Barrault.

André et Louise avaient ce trait en commun que l'un et l'autre dépensaient l'argent sans compter.

Louise en dépensait davantage, mais André s'est chargé d'aplanir le décalage ; et elle disait, ravie, à qui voulait l'entendre :

— Il est pire que moi !

Mariés ou pas, ils formaient un couple remarquable qui défrayait toutes les chroniques. Chacun voulait se flatter de les avoir reçus. Les galas ministériels succédaient aux réceptions privées ; dîners donnés, dîners acceptés occupaient toutes les soirées.

Louise me parlait du monde nouveau dans lequel elle entrait, entre autres :

— André a une fille épatante. Je lui ai dit que je voulais la connaître et nous lui avons donné rendez-vous au bar du Ritz. Elle lui ressemble énormément, tu verras, parce que je vais l'inviter à dîner avec toi. Elle a vraiment de la personnalité, mais elle est gaie et douce en même temps, je l'ai beaucoup aimée.

Florence a dîné plusieurs fois à Verrières entre son père et Louise, mais je ne l'ai, moi, rencontrée que bien plus tard.

Le mode de vie de ma tante était profondément bouleversé et je l'ai très peu vue pendant toute cette année-là. Elle allait en fin d'après-midi chercher André Malraux au ministère ; il était trop tard pour rentrer se changer à Verrières ou à la Lanterne avant le dîner, alors ils se rendaient chez une amie, d'habitude chez Bicot Colcombet, musicienne et affectueuse, où Louise avait fait déposer ses vêtements de soirée. Là, ils buvaient un verre de whisky ou deux, en attendant l'heure du dîner.

Quand Terzo ne pouvait le faire, c'est Bicot, confidente dévouée, qui portait à André Malraux le billet que Louise lui écrivait chaque jour. Elle lui a dit, une fois :

— Mais, Louise, pourquoi lui écris-tu puisque tu dînes avec lui ce soir ?

— On joue le jeu, ou on ne le joue pas.

Souvent maintenant, Louise se retrouvait à Paris devant une plage de temps mort qui la séparait de son ministrecompagnon aux horaires fantasques, et comment occuper ce mauvais temps-là sinon en bavardant avec Jean Chalon dans quelque bar?

Et puis, elle ne se sentait pas chez elle à la Lanterne; elle ne recevait qu'à Verrières, où elle ne vivait plus qu'à moitié. Les perpétuelles allées et venues la harassaient. Tout cela nuisait à son travail. Elle écrivait pourtant, de toute sa volonté acharnée... mais bien des feuillets aboutissaient dans la corbeille à papier.

Lentement la fatigue s'installait.

Au début de 1969, Louise me téléphone chez Christian Dior où je travaillais:

— Ça y est, j'ai tout combiné, tu viens dîner à la Lanterne jeudi. Sois là de bonne heure qu'on rigole.

J'arrive, et elle me raconte:

— Plus que deux mois avant le référendum. Si la réponse est «oui», alors tout va bien, le Général reste, André reste, et toi, tu t'installes avec moi ici. Viens, je vais te montrer tes appartements.

Quelle détresse décelaient ces paroles? Quel trou béant ma présence devait-elle aider à combler?

Sur-le-champ, elle m'entraîne à travers la maison jusqu'à un charmant appartement de quatre pièces. D'une petite antichambre partait un escalier donnant sur l'extérieur; on pouvait donc habiter cette aile en toute indépendance.

— Tu vois, là tu seras très bien, tu auras la place pour tes enfants, et surtout, ce qui est épatant, c'est que la Lanterne appartient à l'État, et donc tu as le droit de choisir tes meubles au Mobilier national. Une semaine tu as envie d'être installée entièrement en style Empire, alors tu vois arriver des hommes exquis en salopette avec des camions, qui te changent tout, y compris les rideaux et les carpettes... Tu n'as qu'à dire ce que tu aimes. La semaine d'après, tu veux un décor du Moyen Âge ou de la Restauration, et ça y est! Alors tu penses comme nous allons nous amuser!

De quoi faire rêver la pauvre Sophie qui vivait dans une HLM améliorée...

Nous avons dîné tous les trois, tous les six plutôt, car Essuie-plume, Fourrure et Lustrée, les chats aimés d'André Malraux, se promenaient sur la table, humant délicatement les mets qui nous étaient présentés, au grand agacement de Louise. Elle me faisait des grimaces qu'André faisait semblant de ne pas voir. Ce soir-là, il a écouté Louise parler trop, approuvant ses projets sans y croire, dépassé par une complicité féminine qui l'excluait.

Les «non» l'ont emporté sur les «oui», le général de Gaulle a donné sa démission, André Malraux sur ses talons.

Celui-ci avait acheté, rue de Montpensier, pour s'y installer avec Louise, un appartement de deux étages donnant sur les jardins du Palais-Royal. L'échec du référendum l'obligeait à quitter Versailles, mais, à Paris, les travaux n'avaient pas commencé. Tout naturellement, Louise lui a proposé de venir à Verrières, en attendant.

Pour pouvoir recevoir des amis à demeure, elle avait aménagé au second étage, sous les toits, un petit appartement que l'on appelait les «bateaux». Il était composé d'un minuscule bureau, rarement utilisé, d'une chambre à coucher et d'une salle de bains. Les murs étaient peints en gris clair et tous les meubles tapissés de satin mat, jaune miel. Deux des fenêtres de la chambre donnaient sur la cour séparée de la rue par une grille pleine aux piliers coiffés de lions couchés, et encadrée de tulipiers. En face, deux autres fenêtres s'ouvraient sur la grande pelouse qui s'élève doucement jusqu'à un bosquet de bouleaux que dépasse un grand chêne vert, lui-même dominé par un pin parasol. À droite, se dresse le majestueux cèdre du Liban, plus haut que la maison, que le père de mon arrière-grand-père a planté il y a près de deux cents ans.

André Malraux s'est installé là en juin 1969. Il ne partira plus.

La vie s'organise plus calmement pour Louise. Ici, elle a la situation domestique en main.

André a besoin d'une secrétaire ; elle-même succombe sous les obligations : écrire, répondre au courrier, tenir la maison, recevoir, sortir, s'occuper des travaux de la rue de Montpensier...

« Au secours ! »

Idée de génie : elle demande à sa nièce Corinne, la femme de Sosthène, d'assurer leur secrétariat à tous les deux. Celle-ci assumera ce travail sous son nom de jeune fille, Corinne Godferneaux.

Ce problème-là est réglé. Voyons les autres : André est venu avec ses chats dont il ne peut se passer. Louise ne les aime pas du tout, mais il a bien fallu qu'elle fasse découper des chatières dans la double porte du salon bleu qui donne sur l'extérieur, à gauche de la cheminée. Elles ne sont pas en face l'une de l'autre, aussi décalées que possible même, pourtant un courant d'air a trouvé son chemin vers les doigts glacés de Louise qui frissonne en s'efforçant de travailler.

L'imagination et l'originalité de Louise charmaient ses amis, qui ne songeaient pas à analyser ses propos, ni peut-être à les prendre très au sérieux. Elle régnait dans son salon, assurée de l'admiration générale. Seulement, André Malraux partage maintenant le trône, et... un soir de grand dîner, on parlait littérature ; on en vient à *La Chartreuse de Parme,* Louise lance une boutade :

— Oh, non, pas Stendhal : c'est un mauvais esprit !

Ce genre de réflexion suscitait toujours un brouhaha amusé. Mais André, intéressé, a réagi aussitôt, sans penser à mal :

— Approfondissez, Louise, approfondissez.

C'était lui demander un exercice auquel elle n'était pas habituée. L'effet était manqué. Le silence est tombé.

Par ailleurs, André est la ponctualité même ; elle n'a aucun sens de l'heure, il lui est impossible d'être exacte. Lorsqu'elle sait qu'il s'impatiente au pied de l'escalier alors qu'elle en est encore à s'apprêter, la nervosité la gagne, le tête-à-tête en voiture est gâché d'avance.

Finalement, le tête-à-tête tout court est vite gâché. Lui est très sérieux, son discours érudit la dépasse. Elle n'a plus guère le cœur à essayer de l'amuser. Ils boivent beaucoup tous les deux... Plus d'une fois les éclats d'une dispute m'ont retenue d'entrer passer un moment avec eux.

Les matins de fin de semaine me voient au pied du lit de ma tante, qui est fatiguée, qui s'ennuie.

Elle se prend à regretter les soirs où, dépourvue de projet, elle faisait appel selon les époques à Jean-François Lefèvre-Pontalis, Jacques Zwobada ou François Valéry, pour de longs bavardages nocturnes au champagne — au vin de Champagne, comme elle disait ; ou les déjeuners avec Marie-Blanche de Polignac, Élisabeth Chavchavadze, Diana Cooper, les vraies amies à qui l'on raconte n'importe quoi, avec qui tout est facile et agréable...

Alors elle accepte d'aller passer deux jours en Suisse chez les Saddrudin Ali Khan, seule, puisque André ne veut pas l'accompagner. Elle sait qu'il désapprouve cet acte d'indépendance, et n'est pas tranquille. Que va-t-il devenir? Elle m'appelle :

— Toff, je compte sur toi : tu t'occupes de lui, tu dînes avec lui, tu m'arranges tout, parce que je sens qu'il n'est pas très heureux de cette affaire-là.

— Mais c'est l'horreur! Qu'est-ce que je vais lui dire?

— Ne t'inquiète pas, il est très gentil et c'est lui qui parle.

Voilà comment je me suis trouvée, pour la première fois, seule avec André Malraux.

J'étais très intimidée, on peut le comprendre. J'étais également envahie par l'inquiétude de me montrer sous mon jour le pire, de ne pas faire honneur à Louise, bref, de jouer très mal mon rôle. Mais les miracles existent et, ce soir-là, le miracle, c'était André Malraux lui-même.

Amputons, déformons à peine la citation[1] et voilà la phrase sublime : «... donner conscience aux hommes de la grandeur qu'ils ignorent en eux.» Or tel était le projet vécu d'André Malraux. Nul mépris ne l'habitait pour l'individu, même primaire, qui se trouvait en face de lui; au contraire, il le mettait en valeur. Il savait susciter le respect et l'admiration qu'imposait sa personnalité, tout en exaltant les qualités qu'il discernait chez son interlocuteur. Je pense que c'est ce que Louise voulait me faire comprendre quand elle disait :

— Il est très gentil.

André Malraux était conscient de sa propre intelligence, de l'ampleur de sa mémoire et de ses connaissances, de la valeur de sa pensée, et en était fort orgueilleux... mais il n'avait aucune vanité. Il ne se targuait pas des qualités

---

1. *Le temps du mépris*, Gallimard, 1935, préface.

exceptionnelles qui le distinguaient du commun et se comportait dans la vie quotidienne avec le naturel le plus simple.

Bien sûr, mon souvenir de notre premier dîner tête à tête s'éclaire de mon expérience future, il n'en reste pas moins que j'ai bénéficié de tout cela et que mon inconfort s'est mué en une quasi-complicité lorsqu'il a choisi de parler de ma tante. Là, j'avais mon mot à dire. Je m'entends encore :

— Vous n'avez qu'une demi-Louise, une Louise de demi-journée. Dès l'après-midi elle boit trop de whisky, devient irascible et déteste vos chats.

Ce discours ne l'arrangeait guère, car il buvait lui-même beaucoup. Heureusement, le téléphone a sonné. C'était Louise qui appelait de Genève. Je l'ai rapidement rassurée avant de passer l'appareil à André qui est revenu à table dans une tout autre humeur.

J'ai alors compris l'importance qu'ils avaient malgré tout l'un pour l'autre.

Sophie - Les enfants

Délaissant femme et enfants, Miles était parti pour le Nouveau Monde chercher l'aventure et la fortune — qu'il n'a pas trouvées, et avait fini par s'installer à Saint-Barthélemy, dans les Antilles françaises où, sur le port de Gustavia, il avait créé un yacht-club avec chambres d'hôtes. Je l'y ai rejoint pendant quelques mois, avec nos filles, avant notre rupture définitive.

Que l'île était attrayante, en 1965 ! Pas encore d'électricité ni de téléphone, vingt-six automobiles et deux gendarmes... On atterrissait à pic depuis le haut de la montagne sur la seule plaine de l'île, une prairie à peine assez longue pour permettre aux avions — tout petits — de freiner avant l'écume de la mer des Caraïbes. À Grand-Fond, petit village de la côte sous-le-vent, les descendantes des premiers Bretons portaient encore la coiffe ancestrale.

Pourtant, je n'étais pas heureuse. À peine arrivées, mon mari avait prétexté des affaires urgentes pour s'envoler vers l'Argentine, m'abandonnant des responsabilités hôtelières que j'étais mal préparée à assumer. Aussi, aveugle à la beauté tropicale, je ne voyais que les nuages de moustiques et l'inconvénient majeur de ne trouver la première école convenable qu'à une heure d'avion de Gustavia.

Sans attendre le retour de Miles, je suis rentrée en France avec les enfants et nous nous sommes installées à Verrières, d'abord dans la grande maison, chez mon père, puis dans la tour du Clos de Verrières récemment loti, dont j'ai déjà parlé. J'étais fort démunie et ne pouvais espérer aucun secours financier de mon ex-mari, mais, grâce à tante Andrée, la femme d'oncle André, qui travaillait chez Christian Dior, j'ai pu entrer dans l'administration de la boutique Miss Dior.

Mes fillettes étaient ma joie et ma fierté, la source de tout bonheur. Nées à un an d'intervalle, elles formaient une brochette incomparable. Depuis leur naissance je les habillais de mes doigts, toujours pareil, de la cagoule à pompon jusqu'à la robe brodée, et je regrettais fort d'avoir à constater qu'en grandissant elles se mettaient à préférer les jeans troués à mes charmantes confections. Elles étaient à elles trois la femme que j'aurais voulu être : Mélanie, femme d'intérieur exemplaire, avait la haute main sur la cuisine ; les bouquets naissaient sous ses doigts. Elle était gaie, travailleuse et avait le sens des responsabilités. Claire, aux grands yeux et au petit nez, était le charme et le dynamisme mêmes ; c'était une combattante opiniâtre et optimiste, l'apaisante médiatrice entre ses sœurs. Véronique, généreuse, intelligente et fine, comprenait le dit et le non-dit. Elle était ambitieuse, assoiffée d'absolu, ses propres limites la faisaient enrager et son imagination débridée créait des mondes utopiques qui entraient en conflit avec le nôtre, assez rétréci, somme toute.

Mes filles et moi ne nous étions jamais quittées.

Pourtant, nous avons dû nous séparer. Je travaillais tout le jour et, lorsque je rentrais, la jeune fille au pair avait régulièrement perdu leur trace. Chez quels voisins étaient-elles allées regarder le dernier épisode de *Mannix*? Dans quelles caves s'étaient-elles faufilées avec la bande sauvage des enfants de l'immeuble?

À Pâques de 1969, Véronique a eu dix ans, l'âge minimum requis pour aller en pension en Allemagne, et, d'accord avec Ingeborg von Wuthenau, la mère de Miles, j'ai inscrit mes enfants au Sacré-Cœur de Pützchen, en Rhénanie, pour la rentrée de cette année-là. Je m'entendais à la perfection avec ma belle-mère; elle adorait ses petites-filles et était enchantée à la perspective de les avoir avec elle à Bergisch-Gladbach pendant les week-ends de sortie et les petites vacances. Les enfants, quant à elles, se réjouissaient de retrouver leur affectueuse grand-mère qui habitait une belle demeure citadine agrémentée d'un grand jardin. Là, la question de l'argent ne se posait pas. Voilà qui s'arrangeait bien.

Mais je n'ai pas le cœur de décrire leur détresse quand je les ai laissées.

Et moi là-dedans?

J'ai quitté Christian Dior à la fin d'octobre et suis allée passer un mois au Brésil, chez ma sœur, Élisabeth, qui vivait à Porto-Alegre, dans le Rio Grande du Sud. Un soir, elle invite quelques amis à prendre un verre. Parmi eux Rudolf von Egger-Moellwald, un juif autrichien, réfugié là depuis la guerre, comme tant d'autres.

Or, dans l'instant, je suis tombée follement amoureuse de cet homme.

Que s'est-il passé? Comment une chose pareille est-elle possible? Seule et en vacances, relevée soudainement de toute responsabilité, étais-je particulièrement disponible? Ni Miles ni aucun des hommes que j'ai pu connaître avant

Rudolf ne m'ont fait éprouver un sentiment d'une telle intensité, qui m'a habitée totalement pendant près de deux ans. J'étais emportée par la passion.

De retour en France, je lui écrivais toute la journée, je lui racontais tout ce que je faisais, tout ce que je pensais, tout ce qui se passait autour de moi. Je lui ai envoyé plus de cent lettres interminables. Trois fois je suis retournée au Brésil, pour ne passer que quelques jours avec lui...

Mais pendant ce temps, lentement, sûrement, avec une patience et une force de pachyderme, l'amour germant, grandissant d'André Malraux avançait vers moi. Il a fini par rendre mes amours lointaines ridicules à mon propre cœur. Pour ce nouvel amour-là, ma passion est morte, un jour, comme elle était née.

En décembre, je voulais parfaire mon déménagement et partir définitivement pour Cologne : un détaillant allemand de Miss Dior et d'autres marques de prêt-à-porter françaises m'avait proposé d'être son agent de liaison avec Paris, et j'avais presque accepté ce poste.

Naturellement, je tiens Louise au courant de mes projets. Elle est aussitôt catégorique :

— Non. Je ne veux pas que tu partes. Dans deux mois nous nous installons rue de Montpensier, Corinne ne pourra pas venir tous les jours de Verrières, alors c'est toi qui seras la secrétaire d'André et la mienne. Il se trouve que Radio Luxembourg vient de me demander de faire une émission qui va me rapporter assez d'argent pour t'en donner, alors tu vois, tout est arrangé.

Courageuse Louise, où trouvais-tu encore la force d'entreprendre ?

Je la voyais épuisée, malade. Elle, toujours avide d'imprévu et de voyage, ne se réjouissait même pas d'aller à

Marrakech où André avait fait le projet de l'emmener passer quelques jours au moment du Nouvel An.

Pour moi, je n'avais pas vraiment envie d'aller vivre à Cologne, et toujours envie d'être près de ma tante. Dans la mesure où mon pain était assuré, mon choix était fait : je resterais.

Le 20 décembre, je suis partie pour Bergisch-Gladbach passer Noël dans ma belle-famille avec mes enfants.

Le 26, Sosthène m'a téléphoné :

— Tante Loulou est morte !

Louise ce soir-là se sentait fatiguée d'une fatigue si grande qu'elle pensait ne pas pouvoir affronter le voyage du lendemain. Elle a demandé au médecin de venir la requinquer, de faire renaître son énergie pour quelques jours ; elle se reposerait après.

L'homme de l'art a fait à sa patiente une piqûre qui devait lui redonner un peu de vie... Et, dans l'instant, Louise a exhalé son dernier soupir.

En bas, André Malraux l'attendait pour dîner.

Installation

À mon arrivée, le lendemain, André Malraux a ouvert les bras et m'a serrée contre lui : étreinte de la douleur partagée, condoléances réciproques. Je le connaissais trop peu pour en être étonnée, mais j'ai compris ensuite qu'il s'était agi là d'une extériorisation dramatique et ponctuelle de ses sentiments, car il n'était pas l'homme des effusions spectaculaires.

Louise avait souhaité être enterrée dans le jardin de Verrières. Un banc serait la pierre de sa tombe. Elle voulait que ses neveux s'assoient là, le soir, enlaçant leurs amoureuses, et que les enfants viennent manger les fruits du cerisier planté à côté.

En haut de la grande pelouse, sur la droite, il y a un manège de verdure cerné de tilleuls aussi anciens que la maison, au centre duquel se dresse une grande balançoire pivotante. Derrière, on traverse une petite allée, et alors s'étend une pelouse plus petite plantée de buissons et d'arbustes sur deux côtés. C'est là, dans l'angle le plus abrité, que l'on a creusé sa tombe. C'est là que repose celle qui a illustré son nom par son talent et par sa grâce.

La clef de Louise de Vilmorin n'était pas dans une mondanité épisodique [...], ni dans une grâce célèbre, mais dans une fantaisie impulsive et féerique [1].

Fidèles au vœu de leur mère, Jessie a recherché et fait graver le banc-tombeau, et Alexandra a planté le cerisier qui ombrage sa paisible demeure.

J'éprouvais un grand chagrin de voir rompu soudain le lien d'affection qui nous unissait si fort, Louise et moi, mais surtout cette disparition me laissait abasourdie ; elle était survenue de façon si abrupte que j'en étais à me désoler plus du désastre de ma situation présente que de l'absence qui s'instaurait. C'est après que celle-ci a creusé en moi son sillon douloureux.

Ma tante Loulou n'était plus ! Ma tante avec qui je me réjouissais de commencer à travailler quelques jours plus tard.

L'angoisse d'être sans moyen de subsistance m'étreignait.

L'affluence de notre famille, puis d'un monde innombrable a donné le change à André Malraux pendant quelques jours. Et sa famille à lui ? Certes, Florence était venue exprès des États-Unis où sa vie conjugale et professionnelle l'attachait, mais sa présence, désormais nécessaire à son père soudainement déraciné, ne pouvait être permanente.

André Malraux se retrouvait à Verrières dans une solitude sans repères : Louise disparue, que faisait-il là ? Invité pour quelques mois, il n'y avait plus sa place. Où

1. André Malraux, préface à *Poèmes* de Louise de Vilmorin, coll. «Poésie», Gallimard, 1970.

aller? Déjà, l'appartement de la rue de Montpensier lui était odieux.

Deux jours après l'enterrement, il m'a dit :

— J'aimerais que vous restiez.

— Rester? Mais comment? Pourquoi?

— Pour inventorier les manuscrits de votre tante. Je vous demande de le faire. Bien sûr, votre travail sera rémunéré.

Sa détresse avait rapidement fait naître dans son imagination un projet qui lui permettait d'éloigner le moment de partir — de partir seul, pour nulle part.

Il a aussitôt demandé à mes cousines leur accord pour disposer de tous les écrits et des lettres de Louise. Ça s'est très bien arrangé, d'autant plus que cette initiative réglait pour elles la question importante du classement des papiers de leur mère et de leur éventuelle exploitation éditoriale.

L'affaire était faite. Il restait à Verrières et j'y restais aussi.

Ma famille a volontiers accepté cette situation car personne ne souhaitait le départ d'André Malraux. De plus, tous applaudissaient à une initiative qui les rassurait sur mon sort une fois de plus incertain.

Mon frère Nicolas avait épousé Irène Thenard, une des filles de notre belle-mère. Ils possédaient une maison, le Petit Verrières, située en bordure du parc de la grande maison. Hélas! mon frère est mort — deux ans avant Louise. Irène est alors allée vivre à Paris avec leurs enfants. Dès qu'elle a connu ma décision de rester en France, elle m'a proposé d'habiter sa maison de Verrières. C'était pour moi une solution parfaite.

Ma vie s'est alors organisée dans un très grand vide. Mes enfants étaient à l'étranger, ma passion pour Rudolf projetait toutes mes pensées à huit mille kilomètres de moi, d'André Malraux je n'avais rencontré que la frange d'une union avec ma tante, jalonnée d'orages. Sa biographie, ses écrits m'étaient inconnus.

Sauf *L'espoir* — et encore... l'avais-je lu jusqu'au bout ? André-Jacques de Boislambert m'avait donné, en 1951, les *Romans*, dans l'édition reliée par Bonet, et j'avais entrepris, pour lui plaire, cette lecture ardue. Récemment, je lui ai demandé pourquoi il avait choisi de donner ce livre-là en cadeau à l'écervelée que j'étais à vingt ans, et il m'a répondu :

— Un style admirable, une certaine philosophie de l'action qui évite les considérations moralisatrices et tient le lecteur en haleine... Quand on a été séduit, on voudrait partager ses séductions avec ceux que l'on cherche à séduire.

Séduction d'André Malraux ? Pour moi, j'en étais encore loin.

En ce début de janvier 1970, c'est dans le salon déserté que j'ai descendu toutes les liasses, les chemises, les piles de manuscrits que j'ai trouvées dans les placards du « coulbi[1] » — surnom donné par Louise au corridor qui menait du palier à sa chambre. Les paquets de lettres enrubannés étaient, eux, rangés dans le grand coffre en marqueterie à l'intérieur capitonné de satin bleu pâle, placé sous une des fenêtres de sa chambre à coucher. Ma tante était excessivement ordonnée — sa femme de chambre, Iolé, aussi ! — et je n'ai pas eu à chercher bien loin pour réunir les papiers qui devaient nourrir mes souvenirs et faire l'objet de mon travail.

Celui-ci était en principe assez simple. André Malraux m'avait expliqué :

1. Contraction de « couloir-bibliothèque ».

— Les lettres ne présentent pas beaucoup d'intérêt, puisque nous n'avons pas celles que Louise a écrites. Il suffit de les ranger par ordre chronologique et de les compter. Les autres papiers, au contraire, sont très intéressants. Faites deux tas : l'un des manuscrits de textes parus, et l'autre des machins...

Je n'ai pas les qualités d'une archiviste, mais ma patience têtue et mon goût pour les journées solitaires m'ont permis de mener à bien cette tâche considérable. C'est très, très long d'inventorier un monceau de manuscrits, d'en compter chaque page en notant avec soin celles qui sont écrites des deux côtés et celles qui ne le sont pas, de les lire, puis de dactylographier tout ce qui n'a pas été publié, de taper l'inventaire au fur et à mesure... Ça m'a pris deux ans.

Bien sûr, je n'ai pas toujours été très assidue, parce que j'écrivais beaucoup à Rudolf; de surcroît je suis allée le voir au Brésil plusieurs fois. Je n'abandonnais pas non plus mes filles que je rejoignais en Allemagne tous les mois. Mais, pour André Malraux, le travail, les enfants et les amours étaient compatibles, car il reconnaissait aux sentiments des autres l'importance même que ceux-ci leur attribuaient.

Il était un homme sérieux, extrêmement intimidant, mais sans sévérité et il ne cherchait pas à imposer son autorité. Jamais son comportement envers moi n'a insinué : « C'est moi le patron. » Notre rapport était simple et notre dialogue naturel. D'ailleurs, au début, nous ne parlions que des écrits de Louise. En tout cas jusqu'au 23 janvier, date de notre premier dîner seuls ensemble, cette année-là (je m'en souviens, parce que c'était le lendemain de mon anniversaire [1]), où il m'a dit simplement :

1. Je suis née le 22 janvier 1931.

— Parlez-moi de vous.
— J'aime un Autrichien juif qui vit au Brésil.
— C'est bien, ça.

Pendant les mois qui ont suivi la mort de Louise, sa fille Jessie qui était alors installée à Paris, les amis — ceux de Louise comme les siens à lui — et tous les Vilmorin de Verrières se sont préoccupés d'André Malraux avec une immense sollicitude. C'est Corinne qui orchestrait les invitations données et reçues par André, ou qui les suscitait. Elle savait mieux que moi combien la solitude lui était odieuse, en dehors des heures imparties au travail. Mais la présence qui lui apportait le secours le plus réel était celle de Florence, parce qu'elle était sa famille, son seul repère. Or il la voyait peu. Elle avait épousé Alain Resnais, travaillait avec lui et menait la vie des cinéastes. Autant dire qu'elle était insaisissable. Courant de repérage en tournage, bien souvent, lorsque Corinne téléphonait de la part de son père pour l'inviter à déjeuner, elle était sur le point de partir pour la province ou l'étranger, à moins qu'elle ne se soit déjà envolée. En cette année 1970, André Malraux et sa fille ne se sont pas vus plus de dix fois : une seule fois à Verrières, le plus souvent à l'Espadon ou chez Lasserre.

Classement et inventaire

Depuis l'arrivée d'André Malraux à Verrières, le fumoir était devenu son bureau; il s'y tenait constamment et, par la porte grande ouverte du salon, je pouvais voir ses allées et venues, et les visites qu'il recevait, dont, pour beaucoup, les visages me sont restés longtemps anonymes.

Lorsqu'il avait eu l'idée du stratagème qui justifiait notre présence à Verrières, c'était évidemment avec un projet d'édition; mais il ne pouvait imaginer les possibilités de publication posthume qu'offriraient les classeurs de Louise. Il s'agissait dans son esprit d'établir une anthologie poétique à partir des trois recueils publiés : *Fiançailles pour rire*[1], *Le sable du sablier*[2] et *L'alphabet des aveux*[3]. C'est donc la première tâche à laquelle nous nous sommes attaqués, et cette anthologie a paru, sous le titre de *Poèmes*[4], en septembre 1970.

1. Gallimard, 1939.
2. *Op. cit.*
3. Gallimard, 1954.
4. *Op. cit.*

Tous les jours, ou presque, à une heure moins le quart précise, la DS s'avançait devant le perron : André partait déjeuner à Paris ; à trois heures et demie pile, il était de retour.

C'est le moment que j'attendais pour lui montrer mes trouvailles. Car Louise avait eu pour habitude de noter dans les marges du manuscrit en cours, sur des feuilles volantes ou sur des fragments de papier, quelque drôlerie qui lui était venue à l'esprit, des bribes de poèmes, les phrases mélancoliques que lui dictait son humeur des soirs baignés de vin d'Alsace, des descriptions de toutes sortes, des réflexions, des bouts... Il y en avait même d'assez longs. Je recopiais tout ça, et lorsque j'en avais une page dactylographiée ou deux, je portais ma récolte à André Malraux.

La première fois il a été étonné. Ému aussi, car les phrases que j'avais recueillies traduisaient avec insistance les sentiments qui animaient leur auteur ; elles étaient grosses de solitude, d'angoisse, de désarroi, et suscitaient violemment le souvenir de Louise. C'est ainsi que je l'avais ressenti, et, quand j'ai vu se fermer le visage d'André à la lecture de ce premier feuillet, j'ai su qu'il souffrait.

Il n'en était pas moins sceptique quant à l'usage qui pouvait être fait de passages aussi courts et aussi disparates. Mais la source ne tarissait pas : de semaine en semaine, je découvrais des petits textes, des aphorismes, des poèmes entiers, de longues histoires inachevées... Tout cela devenait lisible sous mes doigts, et chez André l'intérêt pour mon travail grandissait.

L'importance littéraire de la chose était évidente : il envisageait désormais de publier des textes inédits. C'était un projet exaltant et, de plus, cette nouvelle perspective repoussait l'échéance terrible de son départ. Il est vrai également que la production littéraire d'André Malraux était alors à peu près inexistante et que ce travail tombait à point nommé.

Le choix des «bouts» en prose a été difficile. Leur masse était considérable et leur importance très variable, mais ce tri a abouti à un recueil de textes en tout genre, témoins précis des pensées intimes de leur auteur.

Carnets[1] a paru le 3 novembre, jour de l'anniversaire d'André Malraux. Il n'a pas manqué de le remarquer, car il était très sensible aux signes — ou plutôt il donnait volontiers aux événements valeur de signe. Le hasard le captivait.

Il me racontait l'histoire de Napoléon qui, jouant aux cartes avec Desaix, un soir, après la bataille, trichait presque ouvertement. Desaix s'en est aperçu et lui a demandé : «Sire, pourquoi trichez-vous? — Parce que je hais le hasard.»

André poursuivait :

— Et ce n'est pas par hasard que la victoire d'Austerlitz a été remportée le 2 décembre. Pas par hasard non plus que Patay et Waterloo ont eu lieu le 18 juin...

Les semaines s'écoulaient ainsi lorsqu'un jour, poisson d'avril inattendu, Terzo a apporté dans mon fief le whisky qu'André Malraux prenait d'ordinaire avant le déjeuner. Et, aussi vrai, André lui-même est entré; il avait fait mettre deux verres sur le plateau.

Il ne m'a donné aucune explication; il a tiré vers la mienne une bergère, en prenant garde de ne pas froisser

1. Gallimard, 1970.

44

les papiers qui jonchaient le sol, et m'a tout de suite parlé du marquis de Sade :

— Sade a écrit *Justine* — comme la majeure partie de son œuvre — alors qu'il était emprisonné à la Bastille. Il y met en scène des fantasmes délirants dont l'expression allait au-delà de son propre comportement possible, si bien qu'un jour, momentanément libéré, il s'est précipité place de Grève pour voir guillotiner une charrette de nobles. Et, à la première tête tombée, il s'est évanoui !

L'habitude s'est prise : André venait presque tous les jours me rejoindre au salon à la fin de la matinée et, lorsqu'il n'avait pas d'engagement en ville, je restais déjeuner avec lui.

Pendant ces tête-à-tête, je l'écoutais. Ô le fourmillement d'idées et de connaissances, l'épanchement de cet immense réservoir de savoir intelligent, structuré, dynamique, créateur, dominant ! Et, outre le savoir, la générosité, l'indulgence du regard vers les autres. Quelle altitude !

Et moi j'écoutais, fascinée, émerveillée, d'accord, mais sans trop comprendre. Il faut dire que je n'étais pas habituée à une telle gymnastique intellectuelle. Mais André Malraux ne réclamait de moi que l'oreille attentive que je lui prêtais. Il se penchait vers moi et, le jour où je lui ai demandé si je pouvais aller passer dix jours au Brésil, il m'a simplement répondu :

— Quand on pense, comme moi, que le monde est absurde, la seule chose qui ne le soit pas, c'est d'aider quelqu'un à être heureux. Arrangez-vous donc avec Corinne pour qu'elle prenne votre billet...

Et il m'a effectivement fait cadeau de ce voyage. Ma compagnie lui a pourtant manqué, car il m'a écrit au Brésil pour me rapporter les propos de ses chats :

...

[manuscrit]

qu'on lui remet un diligramme
d'Ispahan (Gogo, bien sûr !)
Les chats disent que si vous étiez là
vous seriez plus heureux : je les
fais taire. Bient apporte des admira
tices en grand nombre.
Si vous saviez comme votre
est bien insipide ! Vous regretterez ce
jour ce précieux silence ... Profitez-
en pour "dévaster les foyers", avec
mon affectueuse bénédiction

                              André Malraux

(sœur)

L'année d'après, André Malraux a publié *Le lutin sauvage*[1], titre donné par lui à une histoire loufoque — farfelue,

1. Gallimard, 1971.

46

disait-il —, pleine de charme, que Louise n'a jamais termi-née. Il y est question d'une femme mariée et de l'amant absent qui anime ses rêves. Cependant, l'amour véritable est celui qu'elle porte à son fils. Le mari meurt, l'amant revient, mais le fils se fiance, et c'est pour l'héroïne un drame... dont nous ne connaîtrons jamais le dénouement.

C'est au fil des mois suivants qu'a finalement été établi le texte de *Solitude, ô mon éléphant*[1], qui rassemble les «poèmes des marges» qu'André Malraux a choisis un par un :

> *Je ne suis plus là pour personne,*
> *Ô solitude! Ô mon destin!*
> *Sois ma chaleur quand je frissonne,*
> *Tous mes flambeaux se sont éteints.*
>
> *Tous mes flambeaux se sont éteints,*
> *Je ne suis plus là pour personne*
> *Et j'ai déchiré ce matin*
> *Les cartes du jeu de maldonne.*
>
> *Solitude, ô mon éléphant,*
> *De ton pas de vague marine*
> *Berce-moi, je suis ton enfant,*
> *Solitude, ô mon éléphant.*

Mais nous sommes encore en 1970, ma tâche est loin d'être achevée et l'automne est arrivé.

Le 9 novembre, une Corinne décomposée a dévalé l'es-calier, m'a soufflé la nouvelle au passage et, messagère tra-gique, a frappé à la porte du fumoir à une heure incongrue : il lui fallait annoncer à André Malraux la mort du général de Gaulle.

1. Gallimard, janvier 1972.

Il y a eu alors un brouhaha d'appels téléphoniques, d'ordres donnés, de manteau enfilé et, dans un crissement d'urgence, la DS a emporté André Malraux vers la concrétisation du drame.

Trois jours plus tard, c'est par hélicoptère qu'il s'est rendu à Colombey-les-Deux-Églises pour l'enterrement. À son retour, il était hagard, mais il ne m'a parlé de rien.

Il ne m'a d'ailleurs jamais parlé de rien de ce qui lui importait sur le plan personnel. Les confidences que mes questions — je les croyais insidieuses et finaudes! — ont pu lui arracher parfois ne m'ont guère éclairée; je les soupçonne même d'avoir été plus ou moins forgées. André Malraux aimait partager son savoir et ses idées, mais surtout pas les sentiments qu'hébergeait un cœur verrouillé.

Tout était froid, tout semblait malheureux en la grisaille pluvieuse qui pénétrait ce novembre-là — comme tous nos novembres d'ailleurs —, pourtant, c'est cette mort, dans ce mauvais temps, qui a rallumé chez André Malraux le besoin d'écrire qui l'avait délaissé depuis quelques mois. Abruptement envahi par l'irrémédiable, il a voulu aussitôt témoigner. Témoigner de la valeur, de l'exception, du partage.

Je l'ai vu soudain actif à sa table : il écrivait *Les chênes qu'on abat*[1] — un rien!

Je n'ai connu ce livre qu'à sa parution. C'est Corinne qui l'a fait avec André Malraux, c'est à Sosthène que l'intégralité du manuscrit a été donnée.

Ah! quel farouche bruit font dans le crépuscule
Les chênes qu'on abat pour le bûcher d'Hercule[2].

1. Gallimard, 1971.
2. Victor Hugo, «À Théophile Gautier», *Toute la lyre*, épigraphe aux *Chênes qu'on abat*.

Première croisière

Louise avait beaucoup aimé la Hongrie, et sa fidélité la portait à rencontrer les Hongrois qui s'étaient réfugiés en France après la guerre. C'est ainsi qu'elle avait noué amitié avec Catherine de Karolyi et l'invitait souvent à Verrières.

Catherine Polya, dite Gogo, fille d'un peintre très connu dans son pays, avait épousé en premières noces le comte Étienne de Karolyi avec lequel elle avait émigré en 1947. Plus tard, séparée de lui, elle s'était mariée avec Jacques Rémy[1], écrivain et scénariste français.

À l'époque où se situe mon histoire, Gogo était dessinatrice de mode et d'accessoires chez Hermès, avait trois fils, et vivait seule.

Elle était une femme très brune, mince et distinguée, que la nostalgie de son pays natal parait d'un charme étranger. Quand elle parlait de son enfance, on sentait passer le grand vent qui balaie la Puszta[2] et qui avait soufflé sur les Huns venus d'Asie, les barbares dont elle se voulait la fille.

Ce qui l'intéressait avant tout, c'était la peinture.

1. Pseudonyme de Raymond Assayas.
2. Grande plaine qui s'étend à l'est de la Tisza (affluent du Danube).

Entendre André Malraux parler de Goya, de Masaccio ou de Braque faisait son bonheur. André, lui, était charmé par une femme agréable et bizarrement ingénue, gaie sans être drôle, qui l'écoutait avec une attention soutenue, comprenait ce qu'il disait et lui posait des questions pertinentes.

Elle venait assez souvent dîner; j'étais là, parfois; notre amitié s'est affermie, et nous avons adopté dans notre relation un ton de taquinerie qui distrayait beaucoup André.

Il aimait la compagnie des femmes — de celles qui n'étaient pas en rivalité avec les hommes. Leur bavardage, leur légèreté l'amusaient. Mais pas très longtemps. Il fallait aussi que, lacs de la montagne dont il était le pic, elles soient réceptives aux flots de savoir, aux cascades de comparaisons, aux torrents d'idées qu'il déversait inlassablement.

En ce début d'année, André Malraux, penché à sa table de travail, renaissait à sa vie, comblant enfin par l'écriture le vide dans lequel il avait erré tant de mois.

Il ne me parlait pas des *Chênes*, mais son humeur était moins sombre. Il était plus alerte, et je ressentais profondément ce changement : il me semblait le voir déployer ses larges ailes, jusque-là refermées.

Je suis allée au Brésil dans le courant du mois de mai. Il ne m'y a pas invitée!

Je pressentais que c'était mon dernier voyage.

Le peintre Mac Avoy, vaguement apparenté à notre famille, avait fait le portrait de ma tante Louise et proposé à André Malraux de le lui donner. Mais celui-ci, qui connaissait la peinture de Mac Avoy, ne souhaitait pas voir le peintre, ni recevoir le tableau. Il m'a dit :

— Puisque vous allez à Paris chercher votre billet, passez chez Mac Avoy et vous me direz à quoi ça ressemble.

50

J'ai donc pris rendez-vous. Malheureusement, j'ai fait la queue pour mon billet, j'ai eu une contravention pour avoir mal garé ma voiture, je me suis mise en retard, ce voyage me mettait mal à l'aise en tout cas, et, comme tout allait de travers à l'intérieur de moi, j'ai oublié le rendez-vous.

M. Mac Avoy en a été vexé et il a retiré son offre de cadeau.

Récemment, ses héritiers ont proposé à l'un de mes cousins de lui vendre ce portrait de Louise de Vilmorin, mais je crois qu'il a décliné.

À la fin du printemps, André Malraux m'a fait une belle surprise. Il a dit :

— Et si nous allions faire une croisière...

Stupéfaite, j'ai murmuré :

— Nous ?

— Oui, vous et moi. Et nous emmènerions Gogo. J'ai vu une publicité de la compagnie Paquet, ils proposent une croisière au Spitzberg en juillet, et je crois que vous devriez vous dépêcher d'organiser tout ça.

Je me suis dépêchée !

Nous sommes partis le 13 juillet pour dix-huit jours de bonheur, conduits par Terzo jusqu'à Honfleur. André Malraux aimait que ce petit port ait gardé son air du temps passé, et voulait nous montrer la goélette, témoin du siècle dernier, qui lui rappelait les grandes traversées de ses aïeux, pêcheurs de morue au Labrador. Il s'agissait de nous mettre en condition, avant d'embarquer au Havre le lendemain !

La première escale était en Écosse. La visite du musée d'Édimbourg a été un magnifique moment de la croisière, éclairé par un Titien superbe et, surtout, par un tout petit vase de fleurs de Chardin qui a littéralement enchanté André Malraux :

— C'est sans doute son seul tableau de fleurs, a-t-il dit en encadrant certaines parties de la toile avec ses doigts. Le rapport du bleu des fleurs avec le bleu du vase est épatant. Un autre aurait posé le vase sur du bleu, mais Chardin a mis du brun. Bleu et marron, les couleurs les plus difficiles pour un peintre, et voyez comme c'est réussi.

Sur le bateau, nous nous étions vite installés dans des habitudes simples : rendez-vous à onze heures du matin sur la plage arrière, où le champagne déjà nous attendait (pas Gogo, elle ne boit que de l'eau !), et causeries sans fin. Il n'était pas question de participer aux nombreuses activités proposées par l'organisation du bord. Seul le dîner à la table du capitaine était inévitable, et agréable d'ailleurs. Pourtant un jour, Gogo, se sentant l'âme chasseresse, s'est inscrite à un concours de tir au pigeon d'argile. Je crois qu'elle n'en a pas atteint un seul, ce qui nous a fort divertis — malignement. À sa défense, je préciserai que les remous de la mer du Nord ne facilitaient pas la chose.

J'avais entrepris de rédiger la chronique de notre voyage.

Nous lisions beaucoup et parlions beaucoup de nos lectures. Ou plutôt André parlait de nos lectures, et Gogo ne se débrouillait pas mal. Moi, j'écoutais surtout. *Choses vues*, *Les cahiers de la Petite Dame* passaient d'une main à l'autre, chacun de nous en avait un tome... J'ai annoncé un jour ma ferme intention de lire *Les frères Karamazov*. André a dit en riant :

— Gogo, plutôt que d'attendre que Sophie ait fini le premier volume pour commencer à le lire à votre tour, je vous conseille d'aller chercher un livre à la bibliothèque du bord; vous savez bien qu'elle a fait le vœu de ne jamais rien lire.

Il croyait beaucoup plus que je rédigerais le compte rendu de la croisière, mais sa perspicacité lui interdisait de croire en sa valeur. Ça le faisait rire aussi. Tant mieux! Si elles ne devaient jamais servir qu'à l'amuser un peu, mes minces aspirations intellectuelles auraient déjà été justifiées.

Et puis, voilà Shetland, île nacrée de brume et beige de la laine brute de ses moutons, île feutrée du Nord, où les vitrines exposaient des chefs-d'œuvre de l'art du tricot. Un pull-over gris, pas trop épais, moelleux comme il faut, m'a tentée pour André. J'ai dit :

— Regardez comme il est beau, achetons-le.

Il n'a pas voulu. J'ai appris qu'il ne voulait jamais rien pour lui-même.

Plus loin, les îles Féroé, où les toutes petites maisons ont des carpettes d'herbe verte en guise de toits, et puis Reykjavik. L'Islande, dominée par de hauts volcans enneigés, vit par eux, par l'eau brûlante qu'ils entretiennent sous leurs laves. Les champs sont des serres immenses, chauffées par l'eau souterraine, et les surprenants geysers, une attraction épatante pour les touristes.

Après, c'est les icebergs, les îlots désertiques sans même un ours blanc, et les jours sans crépuscule. Au Spitzberg, des nuées de macareux.

Et, pendant tout le voyage, c'est André Malraux.

Qui sait tout. Il sait. Tout simplement, comme si de rien n'était. Il raconte l'histoire, les aviateurs naufragés, les Vikings dans leurs drakkars, les conquêtes danoises, le parlement d'Islande, le roi de Thulé...

Nous avons fait quelques promenades au fond des

fjords norvégiens, mais pas trop. Gogo a tout de même pris un car et un train pour franchir la frontière qui s'étire de sommet en vallée, enfouie dans les forêts de conifères moutonnant sans fin du nord au sud de la Scandinavie, et aller boire une tasse de thé dans un chalet suédois. Nous en a-t-elle parlé, de son voyage en Suède!

Le dernier jour, nous avons pu aller à Bruges, brièvement, juste le temps qu'André Malraux nous parle d'Ensor, qu'il avait rencontré à Ostende quelque trente ans plus tôt, et de son œuvre capitale, *L'entrée du Christ à Bruxelles*.

C'était merveilleux de l'entendre!

Rudolf avait perdu.

Le drame du Pakistan oriental

J'ai à rapporter ici un fait grave. C'est pourquoi un bref aperçu historique de la situation me semble impératif. Les dictionnaires expliquent :

> *En Inde, l'idée d'un État islamique autonome apparut avant la partition, avec le poète indien de religion musulmane, Muhammad Iqhal. En 1940, la «résolution de Lahore» réclama la création de cet État, et c'est en 1947 que fut fondé l'État islamique du Pakistan.*
>
> *En 1971, eut lieu au Bengale, dans la province orientale du Pakistan, une révolte dirigée par cheikh Mujibur Rahman, que réprimèrent les troupes paskistanaises. Les combats firent des centaines de milliers de morts au Bengale, mais, bientôt alliées aux insurgés, les forces indiennes l'emportèrent sur le Pakistan qui perdit ainsi sa souveraineté sur sa province orientale ; c'est cette dernière qui est devenue alors le Bangladesh, c'est-à-dire le «pays du Bengale».*

C'est dans la nuit du 25 mars 1971 que l'armée pakistanaise était entrée en action pour réduire l'agitation qui régnait au Pakistan oriental à la suite des élections, qui avaient fait triompher Mujibur Rahman, partisan de l'autonomie.

La répression a été terrible et la tuerie sans précédent : 20 000 morts à Dacca[1] dès le 26 mars — en septembre, ils seront 3 millions.

Indira Gandhi, Premier ministre de l'Inde, avait alerté le monde entier, et elle faisait l'impossible pour trouver une solution à ce conflit dramatique, qui avait pour elle de graves conséquences.

L'agenda d'André Malraux m'apprend que l'ambassadeur de l'Inde est venu le voir à Verrières le 31 août et, à nouveau, le 17 septembre.

Je tiens à poser clairement qu'André Malraux menait sans moi sa vie professionnelle ou officielle. J'avais beau travailler pour lui tout le jour et partager de plus en plus sa vie privée, je n'en étais pas pour autant la confidente de ses émotions. J'ai donc été très étonnée lorsque, un soir de septembre, il m'a dit :

— Je suis extrêmement ennuyé. Indira Gandhi m'a invité à participer à une table ronde d'intellectuels, qu'elle organise pour essayer de résoudre le problème du Pakistan. Je n'y crois pas. Aussi, j'ai écrit pour refuser, disant que les paroles ne servaient à rien, que seule l'action était efficace. Ma réponse a été interprétée comme si je voulais aller me battre, et elle a été publiée dans les journaux !

— Mais qu'est-ce que vous allez faire ?

— Pour le moment, je ne peux pas m'en sortir.

Et il a fait semblant.

1. La capitale du Bangladesh.

La Nouvelle-Delhi, vendredi (AFP).

André Malraux a offert aux séparatistes bengalis de servir sous leurs ordres à la tête d'une unité.

L'écrivain, apprend-on de source officielle à La Nouvelle-Delhi, a fait cette offre dans une lettre adressée à un ambassadeur indien en poste à l'étranger. Le nom de ce diplomate et le pays où il est en poste n'ont pas été précisés.

[...] L'ancien ministre du général de Gaulle [...] a ajouté qu'il se refusait à faire des conférences sur le «Bengla Desh», car, a-t-il souligné, elles serviraient seulement de base à des articles alors que «le Pakistan ferait avancer ses chars».

«Les seuls intellectuels qui ont le droit de défendre par la parole les Bengalis sont ceux qui sont prêts à combattre pour eux», a ajouté André Malraux[1].

Jamais plus André Malraux ne m'a parlé de ce qu'il ressentait dans cette affaire insensée. Il jouait le jeu; peut-être même s'est-il pris au jeu. Il aimait la renommée, et la situation lui en apportait beaucoup.

Il nourrissait évidemment toujours l'idéal de liberté pour lequel il s'était tant battu lorsqu'il était jeune. Mais le temps de l'engagement physique était passé. Deux ans plus tôt, au moment de la terrible guerre du Biafra, il n'avait pas pris les armes à la défense des populations massacrées.

Beaucoup de gens ont été intrigués par la soudaine décision d'André Malraux, certains l'ont même trouvée assez ridicule, car il avait près de soixante-dix ans et ne réunissait pas les meilleures conditions pour aller combattre dans le Sud-Est asiatique.

1. *France-Soir,* samedi 18 septembre 1971.

Mais beaucoup de gens aussi ont été admiratifs et enthousiasmés. Des centaines de volontaires lui ont proposé de partir avec lui : des jeunes épris d'action, des hommes et des femmes vibrants d'idéal, certains qui savaient piloter un avion, d'autres qui savaient tirer à la mitraillette, d'anciens militaires, des médecins, des infirmières, des assoiffés de gloire...

Pour moi, j'étais décidée à le suivre. Il le savait et, me sentant concernée, il m'a demandé de venir parler avec Brigitte Friang[1], qu'il avait chargée de la presse et nommée correspondante de guerre.

Celle-ci m'a dit, la première fois que je l'ai vue :

— Sophie, André veut que je m'occupe de la presse au Bangladesh. Nous partirons donc ensemble, mais vous devez rester ici, car c'est à vous que j'enverrai toutes les dépêches du front pour que vous les répartissiez entre les différents organes de presse.

J'ai répondu : «Mais oui, bien sûr», sans en penser un mot, car c'est bien auprès d'André que j'envisageais de me trouver et nulle part ailleurs. La presse ne m'importait pas du tout.

J'entendais d'autres suggestions qui me causaient de l'inquiétude. André Malraux parlait à l'évidence comme quelqu'un qui n'a pas étudié la situation ni préparé son action : il s'offre d'abord pour servir sous les ordres des Bengalis, puis il propose de commander une unité de volontaires, enfin il pense qu'il vaudrait mieux envoyer au Bangladesh des officiers européens qui formeraient des

---

1. Brigitte Friang était une résistante. Victime d'une dénonciation, elle a passé trois ans à Ravensbrück. Après avoir été reporter de guerre en Indochine, elle est devenue attachée de presse d'André Malraux, au ministère de l'Information, en 1958-1959. Voir *Regarde-toi qui meurs*, Plon, 1970.

officiers bengalis, il parle de sauter lui-même en parachute !... Tout cela était bien incohérent.

Cet homme si clair dans ses projets, si déterminé dans ses actions, ne s'appliquait pas à structurer le moindre combat. Au contraire, il décide de s'embarquer pour une nouvelle croisière !

Je comprenais son comportement — j'étais bien la seule ! — mais je craignais que d'autres ne le trouvent futile et qu'il ne porte atteinte à sa crédibilité.

Cela eût été terrible, car André Malraux était devenu le symbole de l'espoir pour le Bangladesh. Se savoir soutenus par lui, à l'autre bout du monde, apportait aux insurgés un grand réconfort.

M. Tajuddin Ahmed, Premier ministre bengali, en était conscient :

[...] *Nous combattons pour notre totale indépendance, mais aussi pour la dignité de l'être humain* [...].

Le geste de M. André Malraux est très encourageant, car, venant de quelqu'un qui est loin du drame, cela constitue pour nous une aide psychologique réelle [1].

1. *Le Monde*, 29 novembre 1971.

La dispute

C'est alors qu'est survenu un incident qui a eu de grandes conséquences sur mes relations avec André Malraux.

Le vendredi 24 septembre, il revient de Paris après le déjeuner et me dit :

— J'ai été pris d'un pressentiment de mort dans des circonstances particulièrement tragiques, et j'en suis bouleversé [1].

Touchée de sa détresse, je lui dis les paroles les plus affectueuses que j'ose prononcer, puis la conversation s'engage sur un autre sujet, et *je n'y pense plus*.

Nous ne dînons pas ensemble ce soir-là, car la sœur de ma mère était en séjour chez moi.

Je suis partie le lendemain pour l'Allemagne et n'ai revu André que le dimanche soir. Gogo était là. Elle allait généralement à la fin de la semaine chez ses fils, près de

---

1. Je sais aujourd'hui qu'il avait déjeuné avec Florence. Celle-ci lui avait annoncé qu'elle allait s'installer aux États-Unis avec son mari, Alain Resnais. André Malraux pensait, lui, à partir pour la guerre ; il a sans doute eu l'intuition qu'il ne reverrait plus jamais sa fille.

Saint-Rémy-lès-Chevreuse ; passer par Verrières en rentrant à Paris n'était pas un détour et, depuis notre croisière ensemble, l'habitude s'était prise : Gogo venait désormais dîner tous les dimanches. La soirée fut intéressante, charmante.

Ô la puissance de dissimulation d'André Malraux !

Lundi matin, il n'est pas venu me chercher comme il le faisait presque toujours depuis quelque temps, et, en plus, il n'a pas allumé sa radio, ce qui m'a fort étonnée. Je me sentais un peu abandonnée, mais me consolais en imaginant qu'il travaillait. Souvent, en effet, il venait me chercher parce qu'il n'avait pas envie de travailler ou qu'il ne se sentait pas assez bien pour le faire.

Je suis allée déjeuner avec ma tante. À mon retour, André était à Paris ; un mot de lui m'attendait sur ma table :

S'il devait m'advenir de vous dire une seconde fois (ça m'étonnerait) que je vis une des journées les plus douloureuses de ma vie, et si vous deviez me répondre que vous aviez un rendez-vous impérieux (pour rien...), nous ne nous reverrions jamais.

J'ai senti le monde s'écrouler sur moi et j'ai fondu en larmes sans comprendre pourquoi ni comment un tel cataclysme pouvait se produire et me choisir pour victime. J'ai cherché quel pouvait avoir été mon crime. J'ai pensé qu'une terrible nouvelle l'avait peut-être atteint le matin et que, trop malheureux pour bouger, il avait espéré que je viendrais le voir. De là, l'absence de musique. Pourtant, je savais que c'était faux, puisque c'était toujours quand les choses allaient moins bien qu'il recherchait ma compagnie.

Quand il est revenu, j'ai couru lui demander ce que

signifiait cette horrible missive et si elle se rapportait à la matinée. Il m'a dit :

— C'est pourtant clair, non ? La matinée n'a rien à voir là-dedans, mais vendredi vous êtes partie dîner ailleurs, alors que *vous auriez dû savoir* que je me retrouverais seul en face de la mort.

C'est vrai, je n'avais pas su. J'avais souvent entendu dire qu'André Malraux était habité par le tragique — et j'en faisais l'expérience ce jour-là —, mais je ne savais pas précisément de quoi sa hantise de la mort avait été nourrie [1].

Notre malentendu était profond. Nous étions loin l'un de l'autre.

Il m'a accusée, non pas d'être partie si je le devais, mais d'avoir oublié qu'il était encore sous le coup de son intuition ; de ne pas lui avoir dit que j'avais compris son angoisse et que je regrettais de ne pouvoir rester avec lui. Lui ne pouvait pas comprendre que je ne savais pas qu'il souhaitait ma présence à ce point. Dire simplement : «Je n'ai pas envie d'être seul, restez dîner avec moi» ne lui serait pas sorti de la gorge. Il aurait fallu que je devine !

Or, si mes sentiments s'abreuvaient désormais au surgissement bouillonnant d'André Malraux, je ne pouvais pas imaginer que cet homme m'aime, moi, d'aucune façon, ni que j'aie suffisamment d'importance pour pouvoir le blesser. Il ne m'a jamais rien dit qui puisse me le faire croire. Deux fois seulement il avait abordé ce sujet, en me disant que nos rapports étaient fondés sur la préférence que

---

1. Son grand-père et son père se sont suicidés. Ses deux demi-frères, Roland et Claude, ont été pris et tués par les nazis. Josette Clotis est morte écrasée par un train. Ses deux fils se sont tués dans le même accident d'automobile. Louise de Vilmorin est morte subitement.

Louise m'accordait; et quand, un soir, deux mois plus tôt, je m'étais excusée de ne pas pouvoir dîner avec lui, il m'avait répondu :

— Mais, votre vie ne doit pas être dépendante de la mienne.

Ce soir-là, c'était plus qu'un drame, nous étions brouillés. À partir de ce jour je ne lui ai plus parlé, sauf en public, où nous nous comportions à peu près comme avant — atroce façade. Que ces journées seule à le savoir seul et malheureux ont été tristes !

Le mercredi, j'ai écrit une longue lettre à Gogo pour lui raconter le désastre et lui décrire mon désespoir. Elle ne devait pas venir ce dimanche-là, mais nous partions en croisière ensemble la semaine suivante, et je ne voulais pas qu'elle s'étonne du changement d'humeur et m'assaille de questions. J'ai aussi écrit à André pour lui demander pardon.

Nous avons embarqué le 8 octobre à Cannes pour une croisière en Méditerranée qui s'annonçait bien morne.

C'est avant même d'arriver à Dubrovnik qu'André Malraux m'a demandé :

— Vous avez un étui à ongles ?

— Mais oui.

— Pouvez-vous me le prêter ?

Il n'était pas dans nos habitudes d'échanger nos ustensiles de toilette et j'ai trouvé la requête étrange. Mon étonnement a été plus grand encore le lendemain quand André m'a rendu mon étui : un petit coin de papier dépassait de l'interstice de la fermeture.

J'ai lu le billet, le cœur battant :

Que je souhaite vous
consoler est bien évident
et d'ailleurs naturel.
Mais pardonner quoi ?
C'est un bien grand
mot pour un accident
de parcours

Il y avait parcours, il y avait chat.
J'avais compris et je renaissais. C'était le bonheur.

Infliger deux semaines de détresse à quelqu'un en guise de déclaration d'amour n'est pas commun, mais André Malraux était un homme hors du commun.

Deuxième croisière

De retour à bord après l'escale à Corfou, Gogo est allée faire la sieste alors que nous approchions d'Ithaque. J'étais assise près d'André qui s'est mis à parler :

— Regardez Ithaque. Nous voyons une île complètement desséchée, mais c'était un royaume...

Il m'a raconté le voyage d'Ulysse et décrit le palais où Pénélope l'attendait, brodant tout le jour, et débrodant la nuit, pour que son ouvrage ne soit pas terminé avant son retour, et ne pas épouser un des prétendants qu'on lui imposait.

Quand Gogo a émergé, j'ai été ravie de lui dire :

— Tu as raté une évocation géniale !

C'était davantage pour amuser André, que nos disputes feintes distrayait, que pour être désagréable à Gogo.

Ilias et Lila Lalaounis sont des amis. Ils avaient bien connu Louise de Vilmorin à l'époque où Ilias, joaillier spécialisé dans les bijoux en or inspirés des ornements antiques, implantait sa première boutique[1] rue Saint-Honoré, à

1. Sous le nom de Zolotas.

Paris. Louise me les a fait connaître, leurs petites filles ont copiné avec les miennes, nous nous sommes liés d'amitié. J'ai maintes fois bénéficié de leur générosité, une générosité délivrée de son poids, une générosité sans facture.

C'est ainsi que la voiture et le chauffeur des Lalaounis — alors absents de Grèce — nous attendaient sur le port de Nauplie en ce beau jour d'octobre. Bardées d'*Orestie*, Gogo et moi étions d'attaque pour Mycènes, et André, du haut de la cité, qui domine la plaine de l'Argolide, évoquait le meurtre de Clytemnestre en pointant son doigt vers l'horizon d'où il faisait surgir le galop des chevauchées antiques, tout en nous promettant de nous montrer, au musée d'Athènes, le masque d'or d'Agamemnon.

André Malraux était plus à son aise avec l'histoire qu'avec la mythologie. Il disait :

— La mythologie m'embête. Je ne comprends pas bien où se situe la spiritualité dans tout ça.

Aussi les temples grecs, plus que des églises, étaient-ils pour lui des merveilles purement architecturales.

Au cirque d'Épidaure, au Parthénon, il s'enchantait du rapport de couleurs entre les pierres, de l'angle formé par une colonne et un degré, de la courbure d'un mur... Pour lui, ces effets, qui ne devaient rien au hasard, étaient l'expression d'une recherche transcendantale que la mythologie, elle, ne démontrait pas.

Il ne nous décrivait pas la sculpture, il disait seulement : «Regardez.» Lui-même regardait avec intensité, puis après quelques minutes, l'index posé contre l'aile du nez, la tête un peu penchée, il s'éloignait à petits pas rapides pour lever les yeux à nouveau vers une métope de Phidias... et reprendre sa contemplation. Il pensait sans doute que la perfection pouvait se passer de démonstration orale.

À l'inverse, au monastère de Daphni, il ne tarissait pas

sur les mosaïques. Mais cela se passait quinze siècles plus tard, au temps du christianisme byzantin.

Les sculptures du musée d'Athènes, la koré boudeuse, l'aurige de Delphes transportaient André Malraux dans un monde qu'il avait fait le sien, à un niveau supérieur de l'homme. Sollicité comme il l'était par la dimension humaine qui s'exprime dans la création artistique, animé par la quête du sens de cette création, il jetait sur les œuvres d'art un regard que ses connaissances, son intelligence et sa sensibilité rendaient magnifiquement pertinent. Ses œuvres en témoignent suffisamment. Mais pour nous, Gogo et moi, le don qu'il nous faisait de cette clarté était un enchantement constant.

Escale à Héraklion. Nous filons au musée de Cnossos pour voir la fresque de *La Parisienne*. André nous l'avait décrite avec son nez pointu et ses grands yeux, son grand œil plutôt, envahissant de face un profil de courtisane effrontée. Mais la Crète, c'est Phèdre dont la passion incestueuse intéressait davantage André Malraux que le Minotaure. *Phèdre* — il avait vu Sarah Bernhardt dans le rôle de Phèdre ! — était pour lui le sommet de la tragédie racinienne, et l'héroïne revivait par ses paroles en ce licu d'où elle était surgie.

Nous sommes allés jusqu'à Izmir, l'ancienne Smyrne. Une voiture nous attendait à l'embarcadère pour nous mener à Pergame. Notre chauffeur nous a arrêtés pour déjeuner dans un restaurant tenu par un ami à lui, un local de piètre apparence, destiné aux seuls Turcs. Nous étions tous les trois amateurs de cuisine méditerranéenne et très contents du menu qui nous avait été servi. Mais, pendant que nous déjeunions, le chauffeur avait bavardé et, alors que nous avions déjà commandé le café — turc —, le patron s'est approché de notre table et a présenté à André

Malraux une aubergine farcie, la plus grande aubergine farcie que j'aie jamais vue. Ce n'était qu'une demi-aubergine
en épaisseur, mais elle mesurait au moins trente centi-
mètres de long! André a blêmi, il a bafouillé des remerciements, m'a jeté un regard de détresse éperdue et s'est mis
à grignoter son aubergine géante! Gogo et moi avons ri à
gorge déployée.

Il faisait beau et doux, le bateau longeait Santorin tout
blanc entre le bleu du ciel et le bleu de la mer Égée.
Au Bangladesh, la répression tournait au carnage.

C'était notre dernier jour de croisière. En arrivant à
Malte, André était sombre et muet, habité, je suppose, par
l'angoisse du retour qui le mettrait à nouveau en face de
cette affreuse guerre. En face de l'oisiveté aussi, car j'ai
connu, plus tard, sa puissance de travail et sa constance
dans l'effort, qui l'emplissaient d'une humeur agréable,
égale, même lorsqu'il était fatigué, très fatigué. Mais ce
jour-là, à Malte, il était de méchante humeur.

Nous avons été voir les statuettes de femmes obèses au
musée de La Valette, puis nous sommes rendus pour
déjeuner dans un hôtel de deuxième ordre, qui m'avait
été conseillé comme le meilleur par un chauffeur de taxi
incompétent. Le bateau repartait au début de l'après-midi,
il était trop tard pour changer de restaurant, André s'est
encore assombri, si possible. Gogo faisait semblant de rien
et parlait légèrement... toute seule.

J'en ai eu assez. Assez de m'efforcer de rasséréner cet
homme impénétrable, assez d'essayer de lui transmettre
par télépathie des messages d'affection qu'il refusait de
recevoir, assez de me sentir coupable. Tant pis pour sa
jalousie! Je suis allée téléphoner à Patrick Scicluna, un ami

maltais de ma jeunesse. Cet homme petit et rond, doux et chaleureux, était une personnalité de l'île par l'ancienneté de sa famille et par sa position d'industriel. Stupéfait et enchanté de m'entendre, il m'a proposé de nous rejoindre dans l'instant.

— Ne viens surtout pas! André Malraux est fatigué, il n'aimera pas avoir à faire la conversation à un inconnu, d'autant qu'il ne parle pas l'anglais et que tu parles très mal le français.

— Si, si, je viens.

— Non, non.

— Si.

Je n'en menais pas large en retournant au bar où mes compagnons m'attendaient pour passer à table, mais il m'a bien fallu annoncer l'arrivée imminente de Pat Scicluna. Gogo a accueilli avec joie et mon retour et cette diversion inattendue. André n'a pas prononcé une parole. J'étais glacée.

Pat est arrivé, brise qui disperse la brume, soleil qui dissipe les nuages les plus menaçants. Il a été charmant.

J'étais, bien sûr, coupable de ne pas lui avoir téléphoné du port : il serait venu nous chercher au débarcadère, il nous aurait conduits au musée et ci et là... Il voulait nous emmener aussitôt déjeuner dans un restaurant agréable, mais le temps était trop court. Dans une langue inénarrable, avec des mines d'écureuil, il nous a parlé de sa famille et de son île. Une flammèche est apparue dans les yeux d'André, puis une vraie lumière, et le dialogue a fini par s'instaurer. Patrick n'était pas un intellectuel, mais un esprit alerte et curieux. Il connaissait très bien l'art et l'histoire de son pays et répondait avec facilité aux questions d'André. Celui-ci racontait :

— Cervantès avait perdu un bras à la bataille de

69

Lépante. Plus tard, il s'est fait prendre par les Turcs, et il était galérien dans la flotte ottomane au moment du célèbre siège de Malte. Ça fait rêver, non?

Oui. Et ça faisait d'autant plus rêver, qu'il est malaisé de ramer d'un seul bras... Mais l'Histoire était autre. Emporté par le lyrisme, André avait placé le siège de La Valette[1] après la bataille de Lépante[2]!

Gogo et moi nous chargions de l'interprétariat parfois nécessaire, heureuses... et soulagées.

Notre court séjour à Malte s'est ainsi fort bien terminé, mais, une fois à bord, j'ai quand même eu droit à :

— Quand vous avez des amis aussi plaisants, mieux vaudrait nous les présenter plus tôt...

Nous sommes arrivés à Cannes le 21 octobre. André Malraux ne nous avait pas parlé du Bangladesh pendant la croisière et ne s'était pas tenu au courant de l'actualité, mais il devait être rapidement replongé dans le drame asiatique, car des journalistes impatients l'attendaient à sa descente du bateau.

[...] *D'autre part, au retour d'une croisière en Méditerranée, M. André Malraux a déclaré à Nice qu'il désirait «plaider la cause du Bengale devant l'ONU».*

La réponse des Bengalis à sa proposition de combattre à leurs côtés devrait lui parvenir au début de novembre, a précisé l'ancien ministre, qui a ajouté : «En attendant, que je caresse mes chats ou que je fasse une croisière, peu importe[3].»

La situation au Bangladesh se présentait grossièrement de la façon suivante.

1. 1565.
2. 1571.
3. *Le Monde*, 22 octobre 1971.

Au problème de la lutte armée se mêlaient celui de la politique et, plus grave encore, celui de la misère. Les insurgés du Bengale n'étaient pas idéologiquement proches de l'Inde, et leur fierté leur interdisait de solliciter son appui, mais c'est en Inde qu'affluaient les réfugiés : ils étaient déjà neuf millions et demi! Or, puissante mais pauvre, l'Inde ne pouvait pas recueillir une population démunie aussi considérable et souhaitait évidemment voir le conflit pakistanais se régler au plus vite.

Mujibur Rahman espérait pouvoir se passer aussi de l'aide d'une légion étrangère — c'était la proposition initiale d'André Malraux —, voulant être le seul artisan de la liberté de son pays. Il lui fallait pourtant impérativement être secondé, car l'armée pakistanaise avait exterminé toute la population pensante, tous les cadres et tous les étudiants du Bengale. C'est à cause de cela qu'André Malraux avait proposé de créer des équipes d'officiers européens qui formeraient des officiers bengalis; l'accord de Mujibur Rahman n'était cependant pas acquis.

André Malraux avait dit dès le premier jour — certes de façon ambiguë — que parler ne servait à rien, et voilà qu'il reconnaissait tout à coup le pouvoir du verbe, en annonçant qu'il allait s'adresser à l'ONU.

Cette déclaration faite à la presse m'a surprise, mais je ne lui ai jamais demandé s'il s'agissait là d'une idée antérieure à notre voyage, si elle était née alors que, assis sur les gradins du théâtre de Pergame, nos regards se perdaient dans le lointain d'où avaient surgi les envahisseurs persans, ou s'il avait utilisé ce faux-fuyant pour se débarrasser de questions auxquelles il n'avait pas envie de répondre. En tout cas, il n'y a pas donné suite.

Dès le lendemain de notre retour à Verrières, André Malraux recevait le représentant de l'ambassadeur de l'Inde.

Nous sommes allés avec Gogo, quelques jours plus tard, déjeuner chez Dagorno, à la Villette, non loin des abattoirs de Paris. André nous avait déjà emmenées, après la première croisière, chez ce gaulliste de la première heure qui proposait une viande excellente, dont il avait envie « pour se désinfecter, disait-il, de la nourriture de conserve qu'on nous avait servie sur le bateau ». Aux murs, se faisant face, étaient suspendues deux têtes confectionnées en pailles de plusieurs couleurs, tressées avec art. Elles représentaient, d'un côté un gros bœuf, et de l'autre... le général de Gaulle. André en était enchanté.

La religion - Pierre Bockel

La brigade Alsace-Lorraine était un sujet qu'André Malraux abordait volontiers et il m'avait à plusieurs reprises parlé de son aumônier catholique, Pierre Bockel, qu'il décrivait comme un homme beau et intelligent. Ils avaient passé des nuits entières sous la tente à débattre des textes sacrés, qu'André connaissait aussi bien que lui.

— J'étais très impressionné par son courage. Il ne faut pas croire qu'avoir du courage, c'est ne pas avoir peur. Au contraire. Bockel avait peur. Mais il allait, sans armes bien sûr, jusqu'aux premières lignes assister les blessés, avec un courage éblouissant. Il habite Strasbourg, mais quand il viendra à Paris, je vous le présenterai.

Je suis allée passer les vacances de la Toussaint avec mes enfants à Bergisch-Gladbach, et, à mon retour, André m'a annoncé la visite du père Bockel pour la semaine suivante.

Oui, cet homme était grand, beau et d'une prestance intimidante. Ce qui frappait tout de suite, c'était le calme, la tranquille sérénité dont il était empreint. Après quelques minutes d'entretien facile, André Malraux a dit simplement :

— Allez donc tous les deux dire une prière sur la tombe de Louise.

André Malraux et la religion! Il s'intéressait à toutes et avait lu tous les textes, mais il était plus proche de la religion catholique — celle de son enfance. Il en parlait tout le temps. Évidemment, l'art y était pour beaucoup, puisque les mosaïques, les fresques, les cathédrales et tous leurs chapiteaux, les sculptures, les peintures à travers les siècles animaient sa vie et sa réflexion. Je pense qu'il n'y avait pourtant pas que l'art.

Il faisait revivre saint Bernard prêchant la croisade du haut de la colline de Vézelay :

— Et la foule entendait sa voix jusqu'au fond de la plaine...

Ou encore :

— Il est émouvant que ce soit saint Jean de la Croix qui ait apporté la communion à sainte Thérèse dans la clandestinité, au moment des persécutions [1].

Il admirait Thérèse d'Avila. Une fois qu'il avait dit seulement «sainte Thérèse» :

— Thérèse de Lisieux?

— Non, pas la petite, la grande!

Je lui ai demandé un jour :

— Si vous aviez la foi, quelle religion embrasseriez-vous?

— La religion catholique.

— Et si vous étiez catholique, seriez-vous le plus grand mystique contemplatif ou le plus grand pape?

— Les deux.

1. André Malraux faisait référence à la persécution de Thérèse d'Avila et de Jean de la Croix par les carmes mitigés.

Il n'a pas dit : «La question ne se pose pas.»

Le principe de la communion des saints lui était familier :

— Il est certain que le sacrifice d'un seul élève le niveau spirituel de toute l'humanité. À l'inverse, tout acte mauvais l'abaisse.

Et il citait fréquemment Dostoïevski : «Si le monde permet le supplice d'un enfant innocent par une brute, je ne m'oppose pas à Dieu, mais je rends mon billet[1].»

Il était agnostique parce qu'il était tellement intelligent qu'il lui fallait chercher à comprendre Dieu — et la grâce de la foi ne lui est pas advenue —, mais, s'il avait cédé à ses sentiments...

Le père Bockel est revenu assez souvent et je me suis sentie en confiance avec lui. Il m'a pourtant trahie, une fois.

Après la mort d'André Malraux, j'ai laissé mes enfants aller seules en Allemagne passer Noël chez leur grand-mère. J'appartenais encore au monde qui venait de s'écrouler et, incapable de m'éparpiller dans des festivités, je suis allée à Strasbourg chez Pierre Bockel. Il était devenu chanoine et archiprêtre de la cathédrale. Nous nous sommes longuement entretenus d'André Malraux et avons échangé beaucoup de confidences. Lorsque je lui ai raconté la mort d'André, il m'a demandé :

— Quelles ont été ses dernières paroles ?

— Les dernières paroles intelligibles que j'ai entendues étaient : «C'est une interminable corvée!», mais je ne sais pas ce qu'il voulait dire.

Et voilà que Bockel s'est emparé de cette phrase et l'a citée partout, en précisant que c'étaient les dernières

1. *Les frères Karamazov.*

75

paroles d'André Malraux, mais sans dire d'où il les tenait, ce qui permettait de penser qu'il se trouvait là. Ce n'est pas le plus grave. Pire est qu'il faisait suivre la citation d'une question de son cru : «... de mourir ? » Une légère pause avant ces deux mots et un ton interrogatif appuyé rendaient la phrase acceptable par oral, mais, reprise par les journalistes, qui ne tenaient évidemment pas compte de la pause et qui supprimaient systématiquement le point d'interrogation, elle donnait : « C'est une interminable corvée de mourir. »

André Malraux n'a pas dit cela.

J'étais seule à son chevet durant sa dernière nuit. Il divaguait — c'était la conséquence d'une sous-irrigation du cerveau —, des cascades de paroles incompréhensibles s'échappaient de ses lèvres, puis il se calmait. Il m'a semblé lucide lorsqu'il a prononcé la phrase en question, mais l'était-il ? Je n'en jurerais pas. Et s'il l'était, qui peut dire qu'il s'agissait de mourir ?

L'anecdote que j'avais racontée au cours d'un entretien confidentiel n'aurait pas dû être divulguée. J'en ai fait amèrement le reproche à Pierre Bockel.

Plus tard, je lui ai pardonné.

Le Bangladesh

Le mois de novembre a été très animé, et très fatigant pour André Malraux. Dès le 3, j'ai vu arriver le camion de la télévision, les opérateurs, la scripte et la maquilleuse, les projecteurs et le groupe électrogène : c'était la première séance de *La légende du siècle*, de Claude Santelli et Françoise Verny, dont les enregistrements devaient se prolonger jusqu'en septembre 1972. C'est précisément au cours de cette période que la santé d'André Malraux s'est détériorée. Son élocution a perdu de sa netteté au fil des semaines et la qualité des dernières séquences s'en est ressentie. C'est dommage, mais ce grand reportage n'en demeure pas moins un document magnifique. Écouter parler André Malraux était devenu mon plus grand plaisir, ma drogue. J'ai assisté à tous les tournages.

Mon travail d'inventaire touchait à sa fin, on pouvait à nouveau recevoir dans le salon bleu. La télévision s'y était installée pour deux jours d'actif fourmillement. Puis la solitude m'a été rendue, mais je voyais chaque jour des voitures du corps diplomatique se ranger dans la cour : M. Sibal, attaché de l'ambassade de l'Inde, venait préparer les rencontres d'André Malraux avec Mme Indira

Gandhi, prévues les 8 et 9 novembre, le général délégué du Bangladesh venait discuter de la forme définitive de l'aide proposée... Ou c'était Brigitte Friang (que je redoutais en raison de ses projets), ou Me Schmidlin, avocate énergique qui militait en faveur du Bangladesh et récoltait toute l'aide possible de son Alsace natale, ou le professeur Amado, spécialiste du Bengale, ou M. Sibal encore... Il se passait des choses sérieuses à propos du Bangladesh. Seulement, André Malraux n'abordait pas ce sujet avec moi. Lorsqu'il n'avait pas d'engagement, je déjeunais et dînais désormais toujours avec lui — et il ne me parlait que de littérature !

Pourtant je sentais croître sa nervosité. Il buvait beaucoup et n'écrivait rien. Mon inquiétude s'est aggravée le jour où il a refusé le verre de whisky que Terzo lui servait.

— Qu'est-ce qui se passe ?

— C'est à cause des vaccins.

— Quoi !

— Le départ pour le Bangladesh est fixé, en principe, au 15 décembre.

J'étais consternée — mais il semblait l'être autant que moi. On peut imaginer l'exaltation qui devait s'emparer de lui, au temps de ses grands engagements, lorsque sonnait l'heure de l'action ; ce soir-là, je ne décelais rien de tel.

Où étaient les bataillons de volontaires ? Ils étaient des centaines pourtant, les jeunes, les braves qui se tenaient prêts, qui n'attendaient que le signal de l'embarquement. Or je ne les voyais pas se former en carré dans la cour, pas plus que je ne voyais d'officiers venir prendre les instructions de leur commandant en chef. Il régnait depuis quelque temps une réelle effervescence, mais c'était celle des discussions, pas celle d'un départ pour la guerre !

Cette intrusion de la réalité dans le rêve était effarante.

Mais était-ce la réalité ? Je la ressentais comme un cauchemar.

André Malraux n'aurait-il pas dû être prêt depuis des semaines à l'éventualité du départ, avec plein d'hommes au garde-à-vous partout ? Il m'aurait alors forcément tenue au courant car, à ce moment-là de notre histoire, il n'aurait pu se passer de ma présence auprès de lui.

Le rêve a prévalu.

Il n'est pas parti.

Le 3 décembre, Indira Gandhi a décidé de porter militairement secours aux insurgés. En treize jours son armée a remporté une victoire totale sur le Pakistan et libéré le Bengale oriental, qui est devenu un État souverain sous le nom de Bangladesh.

Quel beau jour que ce 16 décembre !

Dès l'entrée en guerre de l'Inde, André Malraux a publié dans *Le Figaro* sa fameuse «Lettre ouverte au président Nixon au sujet du Bengale libre», reprochant au président que l'alliance politique des États-Unis et du Pakistan implique sa complète indifférence envers les dix millions de réfugiés bengalis qui se trouvaient encore en Inde et auraient à prendre le chemin du retour dans des conditions de misère indescriptibles. Il y faisait aussi référence au voyage que Nixon allait prochainement faire en Chine.

[...] Vous savez peut-être qu'avant l'entrée en jeu de l'Inde [...], quelques-uns d'entre nous avaient l'intention d'apporter leur aide militaire au Bengale libre. [...] Nous devions partir le 15 [décembre], et ne recevons aucune nouvelle. Je pense donc que l'on n'a plus besoin de nous. Et nous n'avons pas l'outrecuidance de comparer une légion étran-

gère à une armée d'un million d'hommes. Mais enfin,
quand le Pakistan n'avait pas encore contraint l'Inde à la
guerre, l'aide que nous pouvions apporter au Bengale libre
comptait. Car, à part nous, qui donc était prêt à la lui
apporter ? [...]

Des élections avaient eu lieu au Bengale. Le Pakistan
attendait un succès. Il fut battu. [...] Là-dessus, il fit incar-
cérer le chef de l'opposition, cheikh Mujibur Rahman. [...]
En ce temps, qu'avez-vous fait de votre alliance ? Elle a
constaté l'emprisonnement de ce malheureux — et, si je
ne m'abuse, elle le constate encore. En somme, c'était une
alliance patiente.

Patiente jusqu'à la fuite hagarde de dix millions d'êtres
ravagés par la faim et par le désespoir. [...]

Vous allez essayer d'établir avec la Chine un dialogue que
les États-Unis ont différé pendant vingt ans, l'ancien dia-
logue du pays le plus riche du monde avec le pays le plus
pauvre. Pour le Bengale libre, puissiez-vous ne pas attendre
vingt ans avant de vous souvenir qu'il ne convient pas que
le pays de la Déclaration de l'indépendance écrase la misère
en train de lutter pour sa propre indépendance. [...]

Cette lettre est restée sans réponse. Mais Richard Nixon
a invité André Malraux à venir à Washington.

Pour la première fois depuis la révolution chinoise, un
président des États-Unis allait se rendre à Pékin.

Les conquérants et *La condition humaine* avaient consacré
André Malraux spécialiste de la Chine, et le général de
Gaulle avait affermi cette réputation en l'envoyant à Pékin,
cinq ans plus tôt, pour rencontrer Mao Tsé-toung et Chou
En-lai — Mao n'avait jamais reçu un homme d'État de
l'Europe de l'Ouest auparavant. Le président Nixon a sou-

haité s'entretenir avec André Malraux, avant de franchir le Pacifique, pour lui demander conseil quant à la manière d'aborder les dirigeants chinois et à leurs réactions possibles aux propositions qu'il venait leur faire.

Il voulait sans doute aussi faire amende honorable et répondre, oralement, à sa lettre ouverte.

Tandis qu'André Malraux agissait, par sa lettre à Nixon, avec l'arme qu'il maniait si bien : la plume, l'un des engagés frustrés, qui s'appelait Jean Kay, a entrepris une démarche folle. Déterminé à procurer aux misérables Bengalis un secours rapide et efficace, il a investi et détourné un Boeing pakistanais à Orly, séquestrant les passagers terrorisés. En échange de leur libération, il demandait trente tonnes de médicaments pour les camps de réfugiés. La police est intervenue aussitôt et a pu s'emparer du terroriste-apôtre, mais son acte a eu un si grand effet sur la presse et sur l'opinion que, quelques jours plus tard, trente tonnes de médicaments ont bel et bien été envoyées au Bengale.

Deux ans plus tard, le 12 octobre 1973, Jean-Marc Varaut, l'avocat de Jean Kay, a demandé à André Malraux de témoigner à son procès :

> *Lorsqu'on a tenté ce qu'il a tenté, on parle de piraterie. Si, jadis, les pirates n'avaient abordé les galions du roi d'Espagne que pour porter des médicaments aux populations malheureuses, ce ne seraient pas des pirates, mais un ordre religieux. [...]*
>
> *Si, pendant la guerre, un Indien avait réussi à détourner un avion allemand et l'avait obligé à porter des médicaments aux combattants des Glières ou du Vercors, aurait-il été*

*considéré comme un pirate? Peut-être serait-il oublié,
aujourd'hui. Mais, là-bas, au Bengale, ils n'ont pas oublié
le geste de Jean Kay.*

Jean Kay a été condamné à cinq ans de prison avec
sursis.
Il était libre.
Quelques mois après, André Malraux a reçu de Jean
Kay une carte envoyée de Beyrouth :

*Au Liban aujourd'hui, demain ailleurs. Peut-être au
Chili. Être libre et continuer.
Je mesure ici ce que je vous dois, et ma seule pensée est
d'en être digne.*

Washington - Non! - *Ludmilla Tcherina*

La guerre était finie, André Malraux récoltait gloire et notoriété. L'Inde et le Bangladesh envisageaient, l'une et l'autre, de lui témoigner solennellement leur gratitude, mais il fallait d'abord que se referment les plaies béantes.

Un jour, Corinne a annoncé à André Malraux qu'elle voulait cesser de s'occuper de son secrétariat, et lui a proposé de le quitter le 31 mars.

André m'a aussitôt fait part de cette nouvelle et, dans le même souffle, m'a demandé de remplacer ma cousine.

L'affaire tombait à point nommé. Je venais justement de terminer le travail commencé deux ans plus tôt, il était arrangeant pour André Malraux de m'en procurer un autre qui me maintiendrait à Verrières. La question de ma rémunération n'a même pas été abordée. Mon activité serait peut-être moindre, mais ça lui était égal. Il fallait seulement qu'il n'y ait pas d'interruption dans son service, que je sois contente et que nous soyons ensemble. Ça m'allait très, très bien.

André partait pour Washington. Ma réaction a été immédiate :

— J'aimerais aller avec vous.

— Non. J'emmène Corinne. Mon travail, c'est encore elle ; elle est au courant de tout, elle s'est occupée de tout, il est normal qu'elle vienne avec moi. En plus, je suis content de lui faire ce plaisir avant son départ.

Il avait raison, mais j'avais le cœur pincé.

Ils sont partis le 12 février. Le président Nixon a eu avec André Malraux un entretien privé, le 14 dans l'après-midi. Le même soir, il donnait, à la Maison-Blanche, un dîner en son honneur.

Dans ses *Mémoires*, le président Nixon rapporte :

> [...] *L'âge n'avait pas terni le brillant de sa pensée ni la vivacité de son esprit. Même après traduction [...], son discours demeurait original et frappant.*
>
> [...]
>
> *Malraux me donna des conseils sur la façon de conduire une conversation avec Mao :* «*Monsieur le président, vous allez rencontrer un homme qui a eu une destinée fantastique et qui croit jouer le dernier acte de sa vie. Vous penserez sans doute qu'il s'adresse à vous, mais, en réalité, il s'adressera à la mort... Cela vaut le voyage*[1]. »

Une grande réception avait lieu à l'ambassade de France, le lendemain. Le seul commentaire d'André à son retour, deux jours plus tard, a été :

— Corinne a fait beaucoup d'effet à l'ambassade.

Exprès pour m'agacer.

À la presse, il a parlé plus sérieusement : «Je crois avoir

---

1. Repris dans *L'Express* du 8 mai 1978.

apporté au président un domaine de réflexions dont il n'avait pas l'habitude, car tous ses collaborateurs américains ont une même formation et une même vue de la Chine[1]. »

La tension liée aux événements du Bangladesh, la fatigue du voyage aux États-Unis, une maladie grave qui avait insidieusement pris racine, l'absence de Florence aussi, tout cela freinait la création littéraire d'André Malraux qui, à la fin de cet hiver, ne travaillait guère.

Il s'occupait de son courrier, préparait la séquence de *La légende du siècle* qui devait être enregistrée prochainement, lisait les journaux et voyait beaucoup de monde. En fait, il déjeunait à Paris presque tous les jours. Le soir, nous étions ensemble, chez lui ou chez quelqu'un de ma famille ; Gogo venait le dimanche et le mercredi. Il n'était plus jamais seul.

Une partie de l'après-midi était parfois occupée par une visite, comme celle du prince Michel de Grèce, pour lequel il écrivait une préface[2], ou de l'ambassadeur de l'Inde.

Désolée de le voir aussi inactif, je lui ai dit :

— C'est embêtant que vous n'ayez rien à écrire. Pourquoi ne vous lancez-vous pas dans une œuvre de fiction ?

André n'a pas répondu. J'avais sans doute lu en lui une idée qui avait déjà germé dans sa tête, car quelques jours après je l'ai trouvé la plume à la main. J'en ai éprouvé d'autant plus de joie qu'il m'a chargée de taper son texte.

— Vous avez déjà trouvé le titre de ce livre ? ai-je demandé, enthousiasmée.

— Oui, il s'appellera *Non !*

1. AFP, 15 février 1972.
2. Michel de Grèce, *Les rois*, Elstar, Genève, 1972.

Dans un décor de maquis et de boue, des résistants ont dialogué sur le clavier de ma machine à écrire le temps de quelques feuillets :

— *Alors, les Anglais, petite tête, ils vont se décider, vos copains ?*
— *Tais-toi, dit calmement Dumont.*
Malgré les crissements des insectes et le brouillage allemand, on commence à entendre Londres. Les informations. Les messages personnels.
— *Pas pour nous, dit Dumont.*
Les messages se succèdent. [...]
Au cinquantième, tout le monde a compris. «La chaisière n'est pas d'accord.» C'est le message qui veut dire aux maquis, de Limoges aux Pyrénées : mettez-vous en place, le combat commence.
— *Ah! Vos gueules! murmure Gardet aux insectes.*

Puis ils se sont tus.

À cette époque-là, il voyait souvent Ludmilla Tcherina, qu'il invitait à déjeuner chez Lasserre ; parfois, il acceptait de dîner chez elle.

Les origines et le déroulement des relations d'André Malraux et de Ludmilla Tcherina avant 1972 me sont inconnus.

Elle était certainement pour lui une compagnie féminine flatteuse. Ancienne danseuse étoile de l'Opéra de Paris — André m'a dit que son interprétation de *Saint Sébastien* avait été un événement chorégraphique majeur —, sa beauté, la souplesse retenue de sa démarche, son élégance spectaculaire faisaient qu'on se retournait sur son passage.

Ludmilla portait toujours un chapeau, souvent en forme

86

de turban. Il dissimulait l'attache de sa perruque qui, un jour, laissait déferler de souples boucles châtaines sur ses épaules et, le lendemain, courte et brune, encadrait de près son visage, ce beau visage auquel un maquillage parfait conférait un masque sans la moindre craquelure. Elle ne souriait jamais. Je n'ai pu m'empêcher de lui en faire un jour la remarque, et elle m'a dit :

— Tout le monde sourit pour un oui ou pour un non. C'est ridicule et ça crée des rides ! Je ne souris pas, parce que j'ai choisi d'avoir la peau lisse.

Ludmilla était passionnément attachée à son renom et mettait tout en œuvre pour le maintenir vivace ; au service de cette ambition, André Malraux était son meilleur atout, et ses efforts tendaient à ce que la presse et les ragots du tout-Paris colportent la rumeur d'une liaison entre eux.

Au vrai, il n'en a jamais été question. Je l'ai demandé carrément à André. Et lui, pourtant spécialiste en l'art d'éluder les questions personnelles, n'a pas hésité à me répondre :

— Elle voudrait beaucoup faire croire que je suis son amant. Or je ne l'ai jamais embrassée, même sur la joue !

Il n'en reste pas moins que, lorsqu'ils entraient ensemble chez Lasserre, chacun des deux savait qu'il rehaussait l'autre, et cela leur convenait bien. Ils étaient amis.

André était fatigué, nulle occupation contraignante ne le retenait, le temps de faire un voyage en bateau était revenu. Il lisait tous les jours *Le Figaro* et *Le Monde*, et toutes les semaines *L'Express*, *Le Point* et *Paris-Match*. Les encadrés publicitaires ne lui échappaient pas plus que les articles de fond. Il n'est donc pas étonnant qu'il ait repéré l'annonce d'une croisière alléchante :

— J'ai vu qu'il y avait un départ le 25 mars pour une

croisière en Méditerranée occidentale. On part du Havre. On fait escale à Lisbonne, Cadix, Tanger, Sousse, Syracuse et Naples, et on arrive finalement à Cannes. Ça vous va? Arrangez-vous avec Gogo... Nous restons deux jours au Maroc, je crois que Latif Filali est toujours ministre des Affaires étrangères... Mieux vaut passer un coup de fil à Anne.

— C'est épatant! Mes enfants vont justement chez eux à Rabat pour les vacances de Pâques. Je sens que je vais mettre au point une combinaison géniale.

Jacques Zwobada -
Troisième croisière

J'ai cité le nom de Jacques Zwobada parmi ceux des amis chers à Louise de Vilmorin. Ce sculpteur renommé habitait à Fontenay-aux-Roses, non loin de Verrières, mais participait rarement aux dîners que donnait ma tante : il était plutôt l'ami des longs soirs tête à tête, celui avec qui elle partageait l'amour de toutes les formes d'art, l'ami profond.

Jacques Zwobada était, depuis l'école des Beaux-Arts, le compagnon inséparable de René Letourneur. Ils avaient acheté un grand terrain à Fontenay et y avaient construit un atelier pour y exécuter ensemble une sculpture colossale : le monument à Simon Bolivar, qui a été dressé à Quito, en Équateur. Ensuite, chacun a eu son atelier, et chacun a bâti sa maison.

Grand prix de Rome de sculpture, c'est lorsqu'il était à la Villa Médicis que René a rencontré Antonia Fiermonte, peintre et musicienne. Ils se sont mariés et ils ont eu une fille : Anne.

Mais... Jacques a aimé Antonia.

Mon propos n'est pas de raconter les tempêtes qui ont fait vaciller l'amitié des deux sculpteurs. Jacques a épousé Antonia, il a adopté Anne, et l'amitié a tenu bon.

Tout le monde, à Verrières, connaissait Zwobada, tout le monde l'appréciait. Pourtant, il me semble qu'Anne, enfant, ne venait guère chez nous ; en tout cas je ne me souviens pas d'elle avant mon retour des Antilles, mais ensuite notre entente est devenue excellente et mes enfants se sont liées d'une grande amitié avec les siens, Fouad et Antonia.

Anne avait épousé un diplomate marocain, Latif Filali, qui, en 1972, était ministre des Affaires étrangères à Rabat. Ils avaient invité mes filles à passer les vacances de Pâques avec eux ; or la chance voulait que le paquebot sur lequel nous allions voyager s'arrêtât à Tanger juste à ce moment-là.

Quand le programme du voyage a été établi, André a remarqué que nous serions de retour à Cannes dans la matinée du samedi 8 avril. Il m'a dit :

— Et si nous allions voir Chagall à Saint-Paul-de-Vence ? Nous pourrions déjeuner avec lui à la Colombe d'or, et nous prendrions le train de nuit pour rentrer à Paris.

Sitôt dit, sitôt organisé.

Lisbonne. Le ciel était bleu, le temps doux, presque chaud déjà. À la galerie Gulbenkian, la *Pallas Athénée* de Rembrandt m'est restée en mémoire, parce que, en la contemplant, j'ai ressenti une fois de plus combien visiter un musée avec André Malraux était une expérience magnifique. Il ne s'agissait pas de regarder tout ce qui était suspendu aux murs, mais seulement certains tableaux, et de les regarder comme des œuvres d'art, je veux dire dans ce que cela signifiait pour André. Il parlait alors d'une façon inspirée, exprimant la force et le sens de ce qu'il voyait, un sens peut-être différent de celui que l'artiste avait voulu donner : il disait ce qu'aurait dit non pas le peintre, mais l'inconscient du peintre. Et puis, on passait à autre chose.

Une visite de musée n'était jamais exhaustive, cela ne voulait rien dire pour lui.

Nous sommes allés au musée des carrosses. C'est le carrosse de la Mort, petit et noir, qui a retenu André le plus longtemps. L'après-midi, le charmant palais de Queluz, et là, pénétrant, le parfum des buis.

Paris-Match avait dépêché un journaliste sur le bateau à l'escale de Cadix, car André Malraux avait clairement annoncé qu'il ne poserait pas le pied sur le sol espagnol de Franco, ce qui valait un reportage. Il a passé le temps de cette escale, allongé dans un transatlantique, à lire *Contre tout espoir*[1]. Il n'était pas question pour moi de quitter André, mais je suis quand même descendue à terre avec Gogo pour acheter des fleurs au marché, la laissant ensuite s'embarquer seule dans l'autocar qui emmenait les passagers de notre bateau jusqu'à Séville. C'était la semaine sainte, célébrée à Séville avec une solennité et un faste prestigieux. Je crains que notre luthérienne Gogo n'ait pas apprécié la procession comme elle l'aurait dû.

J'attendais impatiemment la traversée du détroit et l'arrivée à Tanger, d'autant plus que Véronique aurait treize ans ce jour-là. Quelle belle journée j'ai vécue ! Les enfants étaient venues de Rabat par la route avec Anne, et Latif Filali par l'avion que le roi Hassan II avait mis à la disposition d'André Malraux pour la durée de l'escale. L'ambassadeur de France, Claude Lebel, était là aussi.

J'étais dans le bonheur et mes filles partageaient mon enchantement : nous nous retrouvions au hasard d'un voyage, dans un pays exotique dont les différences faisaient

1. De Nadejda Mandelstam, Gallimard, 1972.

éclater en elles des réflexions d'étonnement émerveillé et des rires de pur plaisir.

Gogo ne connaissait personne mais elle n'en était pas moins très à son aise, et elle a établi aussitôt un rapport de sympathie avec les Filali. Après le déjeuner officiel à Tanger, Anne et les enfants sont reparties en voiture pour se rendre à Fès, tandis que nous volions vers Meknès, d'où nous sommes allés visiter les ruines de la cité romaine de Volubilis.

Afin d'honorer son hôte de passage, Hassan II avait organisé pour André Malraux et toute sa compagnie un dîner d'apparat chez un notable de la ville de Fès. Nous étions attendus dans une belle demeure flanquée de lauriers-roses et de daturas, au fond d'un jardin cerné de murs qui disparaissaient sous un enchevêtrement de bougainvillées violettes. Le maître de maison, visiblement inquiet de sa mission, nous a reçus, avec le plus grand respect, dans une vaste pièce au sol recouvert de somptueux tapis. Une douce clarté émanait de lampes aux verres de couleur, les cuivres ciselés brillaient dans la pénombre et les bâtonnets de santal qui brûlaient lentement alourdissaient l'air de leurs volutes aromatiques. Un long buffet couvert d'une nappe brodée serpentait à travers la pièce, supportant le méchoui doré et les collines de couscous, les corbeilles de fleurs et de fruits, les pâtisseries au miel et les dattes luisantes. Cette pièce s'approfondissait en une large alcôve bien éclairée, dont une table basse occupait le centre, entourée sur trois côtés d'empilements de coussins. Au milieu, assise toute droite, belle et muette dans son caftan chamarré d'or, notre hôtesse nous attendait. André Malraux a pris place auprès d'elle, et le festin a commencé.

Nous étions plongés dans un conte de prince arabe imaginaire. Mais soudain la sonnerie du téléphone nous a éveillés à notre siècle. Le roi Hassan II, en personne, appelait pour s'assurer du bon déroulement de la soirée et de la satisfaction d'André Malraux.

Nous sommes arrivés à l'hôtel au moment où Latif descendait lui-même de voiture. Ses fonctions l'avaient rappelé à Rabat dans l'après-midi, mais il n'était pas en retard pour fêter l'anniversaire de Véronique. Après les félicitations et les baisers, elle a été effarée de voir arriver deux gâteaux : l'un offert par André Malraux, l'autre par Latif Filali ! Comme la conversation était, pour une fois, légère et tournait autour des enfants, j'ai parlé de l'anniversaire de Claire qui tombait la semaine suivante. C'était imprudent : un coup d'œil de Latif a suffi pour faire apporter un troisième gâteau à la crème !

La restauration de l'ancien palais du roi du Maroc à Fès n'était pas terminée, mais Hassan II avait donné des instructions pour qu'André Malraux puisse le visiter dans le détail, et nous y avons passé la fin de la matinée, avant de regagner notre navire.

De Sousse, on se rend à Kairouan à l'orée du désert. La Grande Mosquée et la mosquée des Trois-Portes y témoignent de l'importance de cette ville au IXe siècle, lorsqu'elle était la capitale de l'Ifriqiyya[1]. J'ai été très intéressée d'apprendre que Kairouan (*Al-Qayrawan*) a donné naissance au mot « caravane » et Ifriqiyya au mot « Afrique ».

Dans les souks, André a acheté pour moi des roses de sable.

Escale à Syracuse. André a tenu à nous conduire à Noto qui avait été victime d'une éruption de l'Etna. Par le

---

1. Nom que les conquérants arabes avaient donné au territoire correspondant aujourd'hui à la Tunisie et à l'Algérie.

fait d'un tremblement de terre, ou de la violence du vent, je ne sais trop, l'étage supérieur de toutes les maisons de la ville avait été comme soufflé par les éléments en furie, laissant intacte la partie inférieure. Ce phénomène intéressait beaucoup André Malraux, non pas scientifiquement — les causes exactes ne lui importaient pas —, mais poétiquement. Cela le faisait rêver, et il avait envie de revoir cette ville aux maisons basses et disproportionnées, toutes démunies de toit — pas belle, au fond.

Certainement, les méfaits des volcans avaient pour lui un attrait particulier, car, à peine arrivés à Naples, nous avons filé à Pompéi. Seule la crainte de manquer l'appareillage nous a retenus d'aller à Paestum voir les peintures grecques. Tant pis! Nous n'en avons passé que plus de temps au musée.

André Malraux, un verre à la main, regardait sans rien dire le sillage écumant du navire fondre dans la Méditerranée. Nous serions à Cannes le lendemain matin. La croisière était finie.

Nous allions vivre, dans le calme d'une belle journée oubliée du mistral, des heures chargées de plaisirs, de surprises, de cadeaux... Marc Chagall nous attendait à la Colombe d'or. C'était un homme de petite taille, aux cheveux blancs clairsemés, assez longs sur la nuque, aux yeux vifs, d'un bleu très clair, qui nous a accueillis avec fougue, les bras ouverts et les lèvres débordantes de paroles de bienvenue. Son plaisir à revoir André Malraux était évident.

La brise d'avril est douce dans le Midi. Sur la terrasse de l'hôtel, des micocouliers et des oliviers ombragent çà et là les tables éparses. La vue cascade de colline en colline jusqu'à un horizon lointain et flou, fait de ciel, de mer et

94

de brume bleutée. Les deux amis, également loquaces, parlaient de peinture.

Gogo et moi n'étions pas insensibles à la rareté de l'instant.

Puis, Chagall a dit à Malraux :

— Qu'est-ce que vous écrivez en ce moment ?

— Un livre important. C'est une épopée qui sera à la Résistance française ce que *L'espoir* fut à la guerre d'Espagne.

Mon cœur s'est arrêté de battre. Était-il possible qu'André n'ait pas abandonné définitivement son projet ? Se mentait-il à lui-même ? Faisait-il semblant, pour ne pas perdre la face ? En moi, l'espoir était plus fort que le doute.

Il a enchaîné :

— Et vous, que peignez-vous ?

— Vous allez voir. Je vais vous emmener à la maison. Vava vous attend et j'ai quelque chose pour vous.

Nous avons vu des bouquets, nous avons vu des têtes de bœuf volantes et des hommes volants, des maisons en déséquilibre, des chèvres. Nous avons vu des couleurs éblouissantes. Chagall a entraîné André à part — pas si loin que nous n'entendions :

— Celui-là, je l'ai fait pour vous. En souvenir. Prenez-le.

En 1964, le ministre Malraux avait commandé à Marc Chagall le plafond de l'Opéra de Paris.

Le tableau qu'André Malraux tenait dans ses mains représentait l'Opéra, avec son avenue s'élargissant jusqu'à la place qui porte aujourd'hui son nom. Au-dessus, une grande femme verte et nue faisait, en l'air, un entrechat.

Testament

Au retour, j'ai installé mon bureau dans la chambre à coucher de Louise, qui avait été transformée en bibliothèque. Corinne y avait déjà transporté les archives, les classeurs et les dossiers suspendus. Elle m'a donné quelques explications, et mes activités ont changé de cours.

Le poste de téléphone était relié par une ligne intérieure à ceux du fumoir, des «bateaux» et de l'office, ce qui était le confort même. André et moi pouvions correspondre à l'aide de trois coups brefs. Il ne répondrait qu'à ces appels-là.

Moi, je répondais à toutes les sonneries, mais ce que j'aimais c'était : «Tic, tic, tic, le thé est là. — Tic, tic, tic, écoutez vite France Musique, ils vont transmettre un quatuor de Beethoven. — Tic, tic, tic, je n'ai plus de colle...»

Hélas, la croisière n'avait pas requinqué André Malraux, comme je l'espérais. Au contraire. Je m'alarmais de le trouver dans son bureau, inoccupé, un livre dans les mains, caressant l'une ou l'autre de ses chattes, s'il avait la chance qu'elle soit passée par là, d'un calme apparent, mais, à la vérité, tendu, mal à l'aise. Aussi, après les premiers jours de zèle, où il m'avait paru plus professionnel de descendre à l'heure convenue pour le travail du secrétariat, et de repartir aussitôt la dernière lettre signée, bien souvent je m'attardais, pour lui tenir compagnie. Cela semblait lui plaire. Notre intimité grandissait. Nulle barrière horaire ne nous séparait plus, et j'étais à présent au courant de ses activités.

Notre intimité grandissait, mais elle n'était certes pas totale. L'a-t-elle jamais été ? Oui. Une seule fois. Un soir, sur le lac de Kaptai, un soir inoubliable où il m'a fait entendre, dans un partage illimité, la rumeur qui bourdonnait désespérément en lui, dans son corps fatigué, dans son esprit tourmenté. Un soir encore lointain.

En particulier, je n'osais pas parler à André Malraux de sa santé. Le docteur Bertagna, psychiatre de renom, venait le voir régulièrement, et celui-ci s'arrangeait ensuite avec Iolé qui avait la haute main sur les ordonnances et sur les médicaments.

J'ai vu Louis Bertagna pour la première fois, à travers ma fenêtre, lors d'une de ses visites dominicales. Plus tard, je suis descendue parfois pour le raccompagner à la porte :

— Au revoir, docteur.

— Au revoir...

Une vraie relation est née à l'automne, quand la santé d'André Malraux était devenue mon souci premier. Je me suis appuyée sur lui :

— Docteur, qu'est-ce que vous allez faire ?

— Trouver un spécialiste. En attendant, faites ci, donnez-lui ça.

Mais, même alors, il n'était pour moi que le médecin. Je ne connaissais pas l'ami. André m'avait prévenue : « Il est le plus grand spécialiste de la chimie du cerveau. » Leur rencontre avait eu lieu cinq ans auparavant et une appréciation réciproque était née, fondée sur l'admiration qu'ils se vouaient. J'allais, plus tard, être le témoin de leur exceptionnelle amitié.

Au printemps de 1972, André n'allait pas bien, il allait même de moins en moins bien, mais je ne savais pas de quel mal il souffrait.

Cela ne l'empêchait pas d'aller déjeuner à Paris avec Ludmilla Tcherina ou Manès Sperber, Jean Grosjean ou Christian Fouchet. Et voilà qu'un beau jour d'avril il m'a dit :

— Ça vous amuserait de déjeuner avec Romain Gary et Jean Seberg ?

— Oui, ça m'amuserait beaucoup.

Denis Berry, le nouveau mari de Jean, était venu aussi, créant une situation un peu particulière, mais qui ne gênait personne. André m'a fait signe de m'asseoir en face de lui et de prendre Romain Gary à ma droite. J'en ai été extrêmement flattée, sans savoir qu'il s'agissait là d'une ébauche de conjugalité.

Ma demi-sœur, Éléonore, a épousé Guy de Dampierre à quelques jours de là. André a trouvé très normal de participer à la fête, et il a même fait un discours impromptu avec une longue citation de « La tristesse d'Olympio ».

André Malraux avait été mobilisé en 1940 et il s'était, un jour, porté volontaire pour une action dangereuse, en compagnie d'un autre valeureux soldat qui se nommait Albert Beuret. C'est dans un char d'assaut, parmi les trous d'obus qui variolaient le plateau de la Brie, que s'est nouée une amitié indissoluble. André n'a plus jamais pu se passer d'Albert ; Albert a voué sa vie à André. Ils évitaient de s'interpeller pour ne pas employer leurs prénoms, car André détestait toute marque de familiarité, mais ils se tutoyaient, et cela paraissait presque incongru.

Beuret était un pilier des éditions Gallimard, où il occupait la fonction de secrétaire général de la collection «L'Univers des formes», fondée par André Malraux en 1958. Il y assurait également l'édition des œuvres de son ami.

André Malraux m'avait demandé, ainsi qu'à Laurent Boyer, d'être témoin de son testament, et la signature devait avoir lieu le vendredi 14 avril. Le notaire est venu à Verrières en compagnie d'Albert Beuret. Ce dernier était exécuteur testamentaire, avec Jean Grosjean et Florence; il ne pouvait donc pas assister à la lecture de l'acte. Pour moi, j'ai été satisfaite d'entendre :

> *Je souhaite que l'ensemble de mes biens soit dévolu à ma fille Florence Malraux que j'institue ma légataire universelle [...].*

Prévoyant que ce souhait risquait de ne pas se réaliser pour des raisons matrimoniales, André Malraux précise :

> *S'il est procédé au partage [...], je souhaite que dans la part dévolue à Florence figurent en nature tous les biens auxquels j'ai été personnellement attaché.*

Une fois ma signature apposée, n'ayant pas à assister aux discussions qui ont suivi, j'ai proposé à Albert Beuret une promenade dans le jardin. Mes pas m'ont portée tout naturellement vers la tombe de Louise, paisible parmi les pâquerettes, et cernée de primevères; j'y menais toujours les nouveaux venus dans mon amitié. Le jardin étincelait çà et là de fleurs nouvelles; un magnolia blanc ouvrait déjà quelques corolles, un rhododendron précoce rassemblait en boules ses cornets d'un rose très pâle au cœur liede-vin, l'air frais était chargé d'un parfum, à peine perceptible, venu des plates-bandes envahies de jacinthes sauvages, ou peut-être de la spirée, au bord de l'allée. Albert Beuret m'a demandé de lui parler de «Louise et André», et j'ai voulu connaître «Albert et André». Il m'a raconté comment il avait partagé l'aventure du RPF, avant de devenir tour à tour chef de cabinet, chef du secrétariat particulier et conseiller technique du ministre d'État André Malraux, qu'il avait accompagné dans ses voyages officiels et toujours secondé en tout. Il parlait avec simplicité, mais aussi avec une émotion qui apparaissait chaque fois qu'il prononçait le nom d'André. J'ai compris qu'il avait pour lui un dévouement et une fidélité sans défaut.

Devant la réticence d'André à répondre aux questions personnelles, je finissais par en poser très peu, si bien que je connaissais mal les détails de sa situation familiale. À la lecture de son testament, il m'est apparu qu'elle n'était pas simple, et qu'il se trouvait, cet après-midi-là, dans un domaine affectif pénible. Il n'aimait pas son passé; s'y plonger à cause de cette affaire de partage lui était très déplaisant. Quant à l'idée d'avenir liée à cette démarche, c'était celle de la mort, celle de son trépas plutôt, et elle lui était odieuse encore bien davantage.

Peu importe qu'on ait dit et prédit qu'André Malraux se suiciderait; les raisons qui devaient le porter à cette extrémité étaient nombreuses. La vérité est que, durant toutes les années où je l'ai connu, il n'en a jamais eu l'intention. Il possédait un revolver, mais Albert Beuret m'a dit un jour qu'il l'avait déchargé et enrayé depuis longtemps. Pour André, qui le croyait en état de marche, ce revolver était un souvenir, et pas du tout l'instrument de sa mort.

100

Il surveillait attentivement sa santé, et regrettait le passage des années. En février 1973, au cours d'une interview à propos du Bangladesh, un journaliste lui a dit :

— Monsieur le ministre, vous avez soixante-douze ans [1]...

André l'a interrompu avec vivacité :

— Non, soixante et onze !

Je ne m'avancerai pas à prétendre qu'André Malraux aimait la vie, mais j'affirme qu'il ne souhaitait pas la quitter avant l'heure.

L'affaire du testament ne me concernait pas du tout, même si j'en avais été le «témoin instrumentaire». Il me paraissait normal qu'un homme qui n'était plus jeune mette de l'ordre dans sa succession, et là s'arrêtaient mes pensées. Mais cet homme avait en réalité un projet — qui n'était pas celui de mourir. Peut-être a-t-il voulu refermer ainsi le cahier terminé, avant d'en ouvrir un tout neuf... Florence elle-même ne le sait pas.

Il n'empêche que, quelques semaines plus tard, André m'a dit :

— Les marronniers sont en pleines fleurs. Il y en a tout le long du boulevard Arago. Nous y passerons en allant déjeuner à la Tour d'argent. Le jardin qui se trouve derrière Notre-Dame en a des blancs et des roses. C'est très joli, et c'est de là qu'on les voit le mieux.

André Malraux m'invitait à déjeuner en public — sans chaperon !

Nous sommes partis tous les deux pour manger du canard devant le paysage sans égal qu'offre ce restaurant, situé au sixième étage, sur le bord de la Seine, ravis par la beauté fleurie du printemps parisien et, singulièrement,

1. André Malraux est né le 3 novembre 1901.

par le charme des marronniers du jardin de Notre-Dame. J'éprouvais le bonheur exquis que ressent toute femme lorsque l'homme qu'elle aime la distingue.

Quatre printemps encore, André m'a emmenée là, quand les marronniers étaient en fleurs.

Durestal - Lucky Luke

Alors qu'André Malraux aimait bien recevoir des visites l'après-midi, jamais il n'invitait d'amis à lui pour un repas à Verrières. Je pense que cette réticence venait du mur qu'il avait élevé entre sa vie privée et sa vie publique. Verrières, c'était son intimité avec moi, que partageaient seulement ma famille et Gogo. Un problème se posait avec les amies de Louise, car ma tante avait reçu sans retenue, et, si l'une d'elles avait envie de revoir André, elle trouvait normal de m'appeler :

— Sophie, quel jour est-ce que je peux venir déjeuner?

J'essayais de reporter le rendez-vous à l'après-midi, mais ce n'était pas toujours possible.

C'est ainsi que Margot de Gunzbourg est venue déjeuner à peu de temps de là. La guerre faisait alors rage au Vietnam. Margot militait en faveur des Américains, s'occupant de trouver en Europe l'argent nécessaire à l'achat de médicaments, dont elle organisait le transport et qu'elle accompagnait, pour être sûre qu'ils ne seraient pas détournés de leur destination. Elle passait là-bas plusieurs semaines d'affilée, aidant, soignant, puis elle revenait et reprenait sa quête.

Margot est venue. Elle nous a parlé du Vietnam et de son combat.

Après son départ, j'ai demandé à André :

— Ça vous ennuie qu'elle soit du côté des Américains ?

— Pas du tout, pourquoi ?

— Parce que j'ai fait le rapprochement avec un souvenir d'enfance : mon père faisait partie des Croix-de-Feu pendant le Front populaire ; il avait même reçu un coup de matraque sur la tête, une nuit... Il me semble que pour vous, qui avez toujours combattu à gauche...

C'était bien mal le connaître.

— Ça n'a rien à voir. Ce qui est important, c'est l'engagement ; c'est ce qu'on fait pour ce à quoi l'on croit. Pour le reste, chacun est libre de ses idées. Il n'y a qu'un danger, c'est le fanatisme.

On se battait au Vietnam. En France, c'était le printemps des commémorations. André Malraux écrivait le discours qu'il devait prononcer devant les survivants de la brigade Alsace-Lorraine. La région qui regroupe la Dordogne et la Corrèze avait été un des creusets de la Résistance. C'est là que le colonel Berger, c'est-à-dire André Malraux, avait rassemblé les combattants qui allaient former, avec lui, la célèbre brigade. Le 13 mai, à Durestal, clairière dans un taillis de chênes et de châtaigniers, maquis de naguère, le colonel Berger s'est adressé à la centaine d'anciens qui se tenaient autour de lui :

Salut, mes camarades, vous vous êtes bien battus. Vous avez été plus que des combattants, vous avez été des témoins.

Et :

Vous avez retrouvé le grand écho qui semblait monter des

104

chênes, à propos des morts «Étendus sur la terre à la face de Dieu,/Et si leurs yeux s'ouvraient, ils verraient le ciel bleu» [1].

Au-delà de la commémoration officielle, de la cérémonie religieuse à Cendrieux et du repas fraternel, Malraux avait demandé à être conduit à Beaumont-en-Périgord sur la tombe de Raymond Maréchal, tué en 1944, qui avait été son mitrailleur dans l'escadrille *España*, pendant la guerre d'Espagne, et dont il tenait à honorer le courage :

Inclinez-vous devant sa tombe, Raymond Maréchal a été l'âme de la Résistance dans cette région.

André avait fait le voyage avec André Bord [2] dans un avion du GLAM, ce qui était commode car Villacoublay se trouve non loin de Verrières. Francine Heisserer, la presque femme d'André Bord, et moi sommes allées au champ d'aviation en fin d'après-midi pour récupérer nos André, mais, retardés par la visite à Beaumont, ils n'avaient pas encore quitté Périgueux. J'ai alors invité Francine à venir prendre un verre à la maison, et nous avons tant bavardé que ces messieurs ont dû nous attendre ! André Malraux n'a pas apprécié du tout.

Il est arrivé à cette époque-là une chose amusante. La marque d'essence Total menait une grosse opération publicitaire qui consistait à offrir des livres à ses clients : six œuvres littéraires et six bandes dessinées, présentées par paires sur d'immenses affiches. Or *La condition humaine*

---

1. Repris de *Notre Malraux*, Philippe et François de Saint Cheron, Albin Michel, 1979.
2. Alsacien, ancien de la brigade Alsace-Lorraine, alors secrétaire d'État aux Anciens Combattants.

avait été couplée avec *Lucky Luke* ! André trouvait cette association tout à fait farfelue et donc épatante. Je me demande si ça ne lui rappelait pas ce que lui avait dit le général de Gaulle — et qu'il avait lui-même rapporté dans *Les chênes qu'on abat* : « Au fond, vous savez, mon seul rival international, c'est Tintin ! Nous sommes les petits qui ne se laissent pas avoir par les grands. On ne s'en aperçoit pas, à cause de ma taille. »

Le remarquable dessinateur Eugène Collilieux travaillait à l'époque pour la maison qui allait imprimer les centaines de milliers d'ouvrages concernés, et c'est lui qui avait été chargé de faire signer à André Malraux l'accord pour l'édition en affiche de la photographie géante le représentant avec Lucky Luke.

Il m'a raconté récemment qu'en voyant l'épreuve André Malraux avait dit :

— Vous avez mon accord.

Et, regardant le dessin de plus près :

— D'ailleurs, on se ressemble un peu !

Noces

Ma fille aînée Mélanie avait alors quinze ans. Elle voulait quitter l'Allemagne à la fin de l'année scolaire, et elle était venue passer quelques jours avec moi pour s'occuper de son inscription à Notre-Dame-de-Sion à Paris. La voyant vaquer de droite et de gauche et placer dans son bureau d'immenses bouquets de lilas et de seringat cueillis aux buissons du jardin, André Malraux m'a dit :

— Et si on l'emmenait déjeuner à la Tour d'argent ?

Mélanie était aux anges, et moi donc ! Je me disais confusément : « C'est drôle, cette aspiration à la vie familiale. » En fait, il voulait m'être agréable. Or je ne perçais pas son intention parce que je me sentais petite alors qu'il était grand, et mon manque d'imagination m'empêchait de rêver qu'il pût gommer ce décalage. Pour comprendre André Malraux, il fallait deviner, et, comme on l'a vu, j'étais mauvaise à ce jeu.

Bientôt, la certitude a balayé l'incompréhension, les chemins se sont rejoints.

C'était le 20 mai. Nous étions seuls dans le fumoir, après le dîner, comme à l'habitude. Il faisait encore presque jour,

107

mais les rideaux étaient tirés depuis longtemps. Un plateau avec un flacon de whisky, de l'eau Perrier et de la glace était posé sur le grand tabouret en X qui tenait lieu de table basse. J'étais assise dans le petit canapé tournant le dos à la cour, André, à ma droite, dans un fauteuil, en face de la cheminée. Il ne semblait pas fatigué et parlait des poètes lyonnais en un monologue fervent, que j'écoutais à demi, heureuse de la douceur de cette soirée, emplie du murmure de ses paroles, attentive aux inflexions de sa voix et aux expressions de son visage mobile. Je l'ai vu tout à coup se figer.

André s'est mis debout. Si soudainement que mon cœur a battu d'inquiétude et que je me suis levée d'un bond. Il s'est alors approché de moi. Il m'a prise dans ses bras et il m'a embrassée d'un long baiser d'amour.

Le bonheur, comme un tourbillon, m'a emportée au-delà de toute pensée, ailleurs, là où la raison n'atteint pas ; et, en même temps, je me sentais claire, calme : j'étais entrée au port.

Cette nuit-là, nous sommes devenus des amants.

Jusqu'à la mort d'André Malraux, mes jours ont été éclairés de la lumière de ce premier soir.

Le lendemain, la réalité resplendissait par-delà le rêve. Nous devisions en prenant notre whisky d'avant le déjeuner, et je souriais à tout bout de champ, ne parvenant pas à maîtriser l'euphorie qui m'habitait. Confuse de ce manque de dignité, je lui ai demandé :

— Ça se voit, n'est-ce pas ?

Il a dit, d'une voix douce :

— Oui...

Il a dit aussi, et là, c'était du sérieux :

108

— Vous savez que je ne peux pas vous épouser. Mais à partir de maintenant je vous assume.

Mes sourires ont cessé d'un coup; les larmes me sont montées aux yeux. J'ai murmuré :

— Mais, André, j'ai trois enfants...

— Je sais. C'est très bien, les petites filles.

Depuis bientôt dix ans que Miles était parti en nous laissant sans ressources, je travaillais, j'acceptais l'aide de ma famille et celle de ma belle-famille, j'élevais nos enfants tant bien que mal dans une angoisse permanente — et voilà que, par l'amour d'un des hommes les plus nobles, les plus généreux, les plus grands qui aient jamais été, le souci lancinant de notre équilibre vital s'évaporait. En moi, le tumulte était colossal et me rendait muette. Jusqu'à ce que j'entende :

— Il faudra que vous cherchiez une secrétaire.

— Une secrétaire? Pourquoi?

— Vous savez bien que j'ai absolument besoin de quelqu'un.

— Évidemment. Mais, moi, j'ai absolument l'intention de continuer à travailler avec vous. Sauf si ça vous ennuie...

— Non, pas du tout, au contraire. Très bien... restons comme ça.

J'ai désormais partagé sa vie publique et sa vie privée; j'ai partagé son compte en banque et son travail; j'ai partagé son corps, les maladies dont il a souffert et le moment de sa mort. J'ai partagé sa confiance et j'ai partagé son affection.

Quelques jours après, il s'était endormi avant le dîner et, plus tard, quand nous étions allongés l'un contre l'autre, il m'a dit, avec cet air à la fois profond et presque égaré qu'il avait quand il exprimait — si rarement — ses sentiments :

— Regardez-moi. Quand je mourrai, je penserai à votre main que vous avez posée sur la mienne pour m'éveiller tout à l'heure.

Je n'ai pourtant pas eu accès à André Malraux tout entier. Il existait sans moi dans son passé et dans les tragiques secrets qu'il abritait. Il s'élevait sans moi dans les hauteurs de sa quête métaphysique, de son raisonnement transcendant, là où s'élaborait sa création littéraire, dans l'air raréfié de l'intelligence maîtrisée où le faisaient planer ses larges ailes. Je n'étais pas l'interlocuteur, ni le complément de tout son être.

Simplement, là où j'étais, il avait besoin de moi.

Brouille - Dernière croisière

Il s'est aussitôt passé un drame. Gogo est venue dîner et la soirée a été délicieuse jusqu'au moment où, poussée par un démon stupide, je lui ai demandé :
— Tu vois encore ton premier mari ?
Elle a riposté :
— Et toi, tu vois Miles ?
André a blêmi. Gogo était innocente, mais en prononçant, justement ce soir-là, le nom de mon ex-mari, elle avait, d'un coup, porté la jalousie d'André Malraux à son paroxysme, et signé son bannissement. À peine était-elle partie qu'il a éclaté :
— Dites à Gogo de ne pas venir mercredi prochain, ni les autres jours, ni en croisière. Je ne tiens plus à la voir.
C'était extravagant !
Les sentiments composent une population variée et imprévisible, particulière à chacun, et qui anime chacun de façon parfois impétueuse et même contradictoire. Ma population sentimentale était, en ce temps-là, dans une grande agitation. La réaction d'André prouvait qu'il n'en menait lui-même pas beaucoup plus large que moi. J'aurais dû lui répondre :

— Je ne lui dirai rien du tout. C'est de la folie! Gogo n'est pas coupable : c'est moi qui ai fait une phrase imbécile. Ça n'a aucun intérêt, n'en parlons même pas. Vous punissez tout le monde avec votre intransigeance puisqu'elle est triste, et que nous la regretterons...

Je me suis tue. D'abord parce que l'idée de contredire André Malraux ne pouvait pas me venir, ensuite, parce que j'étais extrêmement flattée qu'il ait réagi ainsi pour l'amour de moi.

Je n'ai pas non plus été surprise d'avoir à faire cette déplaisante commission à sa place. J'étais, désormais, vouée à faire pour lui ce qui l'embêtait ; c'était dans l'ordre. Il m'a tant donné, tant apporté dans un autre ordre ! Cet équilibre est resté stable, et source d'harmonie, toujours.

Nous repartions pour le Spitzberg le 29 juillet. Tout était déjà réservé pour trois passagers, l'hôtel au Havre, le bateau, les voitures... Qui inviterions-nous à un si agréable voyage ? André ne voulait personne à qui il dût faire des frais ; il s'agissait pour lui de se reposer d'une fatigue grandissante et non de s'imposer un effort.

Nous avons choisi Monique, la jeune femme de mon frère Jean-Baptiste. Elle a pu changer ses projets, confier sa petite fille Hélène aux soins de sa mère et nous accompagner.

C'était une brune aux longs cheveux, belle, avec les yeux très écartés et les pommettes hautes. Originaire des Alpes-de-Haute-Provence, elle parlait avec un soupçon d'accent qui ajoutait au charme qu'elle tenait de sa vivacité et de sa curiosité d'esprit, qu'un rien mettait en éveil. Sa limpidité ne venait pas seulement de sa jeunesse, mais aussi de son cœur qu'elle projetait vers les autres.

André Malraux aimait les chats et toutes les bêtes « cares-

112

sables », comme il disait. Or Irène et ses enfants étaient en vacances à Verrières, et Marie, la plus jeune de mes nièces, avait un hamster, rond et dodu, que je lui ai recommandé de montrer à André. Le succès a été très grand. Il l'a pris dans ses mains et l'a caressé en souriant de plaisir, expression bien rare sur son visage. L'enfant a remporté sa cage, et André m'a stupéfiée :

— Vous croyez que Marie me prêterait son hamster pour la croisière ?

L'affaire s'est arrangée ; nous sommes partis pour Le Havre avec la petite bête, qu'il a gardée dans sa chambre pour la nuit. Le lendemain matin, en nous rendant au port, André l'a caressée, puis a voulu la voir courir sur le tapis. À l'arrière de la DS, les conduites du chauffage creusaient deux tunnels, au ras du sol. Le hamster a trottiné vers l'un d'eux et, avant que nous ayons pu l'attraper, s'est faufilé profondément dans cet abri inespéré ! Nous n'avons jamais pu le faire sortir de son refuge. Il a fallu embarquer. C'était la catastrophe ! André Malraux, très déçu, a demandé qu'une vedette se tienne prête à nous rattraper pour lui apporter le hamster, si Terzo parvenait à le récupérer avant que le paquebot atteigne la haute mer. Peine perdue !

Terzo est rentré à Verrières. À la nuit tombée, le hamster est tranquillement sorti de son trou.

Nous nous sommes arrêtés en Irlande, cette année-là, et non pas en Écosse. Je garde de Dublin un souvenir comique. Nous étions au restaurant et j'avais commandé :

— *Coffee without caffein, please.*

La serveuse n'a pas compris. J'ai répété, fait une périphrase ou deux, mais en vain. Monique se gaussait, mais ne faisait pas mieux que moi. On a appelé le maître d'hôtel à la rescousse ; lui m'a comprise :

— *Oh ! You mean decaffeinated coffee !*

Les séjours sur la plage arrière du navire étaient moins animés que les autres fois, lorsque Gogo était là. André demeurait longuement taciturne. Il buvait beaucoup de whisky, prenant le poison en place d'antidote contre la maladie qui croissait implacablement. Celle-ci se traduisait par une élocution difficile, une perte de l'équilibre, une recrudescence de ses tics et une grande fatigue. Ces symptômes, qui apparaissaient à intervalles plus rapprochés maintenant, l'inquiétaient sans doute autant que moi, mais il n'en parlait pas et ne se plaignait jamais.

Monique, très active, ne restait pas longtemps assise près de nous dans son fauteuil. Mais, pendant les repas, elle nous distrayait beaucoup avec la relation détaillée des dernières nouvelles du bord.

Dès le retour, André a voulu revoir le hamster qui lui avait tant manqué. Marie le lui a prêté pour la soirée. Il l'a pris doucement, lui a donné quelques caresses et l'a laissé courir dans son bureau — oubliant ses chattes...

Je suis allée le lendemain acheter un nouveau hamster. Jeune et élancé, il ne ressemblait pas du tout à l'autre, et je n'ai pas pu cacher l'accident à Marie.

Florence

L'événement de cette fin d'été a été l'apparition de Florence dans notre vie.

J'avais souvent interrogé André sur sa fille, car elle était la seule personne appartenant à son passé dont il parlait sans réticence. Il n'éludait pas mes questions, mais il ne connaissait pas le sujet assez bien pour satisfaire ma curiosité. Je me heurtais au contraste existant entre l'importance qu'il lui attachait et le fait qu'il savait peu de choses d'elle. Moi, je la ressentais comme sa descendante, son sang, sa ressemblance, sa merveille. Je disais :

— Quand même, toute petite, elle venait dans votre bureau jouer, le soir.

— Oh oui, oui, bien sûr !

Ce n'était pas vrai. Mais pourquoi lui fallait-il inventer cela ? Certainement parce qu'il rêvait que ça aurait pu être ainsi.

Elle était enfin revenue des États-Unis et son père l'a aussitôt invitée, chez Lucas Carton. Je lui ai téléphoné pour fixer le rendez-vous, bien contente de constater que le funeste pressentiment qui avait pris possession d'André l'année précédente avait menti.

Plus tard, quand nous avons commencé à nous raconter les vraies histoires, elle m'a fort étonnée en me rapportant qu'avant son départ pour l'Amérique son père lui avait dit :

— Le pire qui pourrait m'arriver serait de tomber amoureux d'une femme de ton âge.

Elle avait répondu :

— Pourquoi le pire ? Ce n'est pas l'âge qui compte, c'est la qualité de la personne.

Alors que, à mon grand dam, André la voyait partir avec une terrible angoisse vrillée dans le cœur, elle s'était envolée, rassurée de savoir qu'il n'était plus seul.

J'ai rencontré Florence une semaine après son retour, le 30 août 1972 exactement. André nous a emmenées toutes les deux chez Garin. Louise m'avait vanté cette charmante personne, jolie, menue, qui ressemblait beaucoup à son père : j'étais prémunie favorablement et prête à l'amitié.

Florence est une femme soignée dans sa mise et précise dans ses propos ; pourtant sans aucune raideur. Elle est au contraire ouverte à tous les désordres comme aux idées les plus extravagantes, et s'en amuse. Intelligente et généreuse, elle a tout lu et tout compris. C'est une intellectuelle, on ne saurait s'en étonner ; les Allemands disent : « *Der Apfel fällt nicht weit vom Baum*[1]. » Ses amis sont les écrivains qui comptent.

Elle s'impose. Mais la fermeté de son caractère se dissimule sous une pudeur exigeante et souriante qui oblige ses interlocuteurs à découvrir le tragique qui, au fond, l'habite. Elle refuse le plus souvent de paraître sur le devant de la scène et pratique une orgueilleuse discrétion.

---

1. La pomme ne tombe pas loin de l'arbre.

116

À Verrières, André et moi dînions très souvent avec les uns ou les autres de mes parents. Que ce soit mon père, ma tante ou mon frère, il régnait forcément entre eux et moi une connivence familiale qu'André ne pouvait pas partager. Le jour de ma rencontre avec Flo, j'ai eu plaisir à voir les données inversées. Le père et la fille parlaient leur langage. Ce n'était pas le mien.

Il me plaisait qu'André ait une famille. Il avait prétendu, pendant longtemps, pouvoir s'en passer. En vérité, il s'était infligé, par orgueil, une cruelle privation[1] qui n'avait plus de raison d'être, et la satisfaction qu'il en éprouvait était évidente. L'habitude de l'éloignement était pourtant forte, car le père et la fille parvenaient à se tutoyer sans démontrer leur appartenance, sans que le prénom «Florence» ou le tendre «Papa» soient jamais prononcés. Ça aussi, c'était leur connivence.

Cette rencontre était un test. Florence et moi l'avons brillamment passé. Nous avons compris que cet homme nous requérait toutes les deux, et nous nous sommes fait confiance. Notre trio ne s'est plus désuni.

---

1. Un texte, qui s'est appelé le «Manifeste des 121», avait été rédigé en septembre 1960. Il condamnait la poursuite de la guerre en Algérie et prônait le «droit à l'insoumission» pour les appelés du contingent obligés d'y faire leur service militaire. Ce texte a été signé surtout par des artistes et des écrivains, dont Simone Signoret, Françoise Sagan, Pierre Boulez, François Truffaut, Jean-Paul Sartre, Simone de Beauvoir, Florence Malraux, etc.

André Malraux avait pris ombrage de cette signature. Il lui avait déplu que sa fille se déclare opposée à la politique du gouvernement qu'il servait.

La Salpêtrière

La dernière séquence de *La légende du siècle* a été tournée en septembre 1972. André Malraux était fatigué, titubant et presque incompréhensible. Françoise Verny m'a dit :

— Nous sommes contents d'avoir pu terminer.

Cette phrase m'a alarmée. J'ai compris qu'elle pensait que ses jours étaient comptés.

Pourtant, au début de l'automne, André semblait bien se porter et menait une vie normale, lorsque, subitement, ses difficultés d'équilibre se sont aggravées. Il se déplaçait dans la maison en se tenant aux meubles, et tombait parfois de tout son long. Envahie d'inquiétude, j'ai appelé au secours le docteur Bertagna qui m'a indiqué ce que je devais faire. Il est venu voir André dès qu'il a eu une minute, c'est-à-dire le dimanche matin, et a recherché activement le meilleur médecin pour guérir cette maladie-là. Il l'a trouvé en la personne du professeur Castaigne, qui a diagnostiqué une atteinte du système nerveux moteur et ordonné une hospitalisation immédiate.

André Malraux est entré à la Salpêtrière le 19 octobre. Le verdict est tombé le jour même : pas d'alcool ; plus jamais d'alcool !

À peine le professeur eut-il quitté sa chambre qu'il m'a appelée pour me rapporter cette funeste condamnation. Il était malheureux, l'épreuve lui paraissait dure. Elle l'était. Mais c'est la seule fois que le sujet est venu sur ses lèvres. Il avait compris et il avait fait son choix.

André Malraux avait entrepris sa lutte avec la mort.

Pour moi, ce temps à l'hôpital a été agréable. André était admirablement soigné : mon inquiétude, permanente à Verrières, s'était calmée. Par bonheur, les visites étaient interdites ; seul Louis Bertagna venait presque chaque soir. Florence, en tournage, me téléphonait régulièrement. Le samedi, elle trouvait le temps d'aller acheter des fruits exotiques, quelques mangoustans au parfum de framboise, une mangue bien mûre, qu'elle lui faisait porter avec un petit bouquet ou un livre.

Il fallait que je me fasse petite pour ne pas importuner les infirmières et les aides-soignantes qui redoutaient mon organisation au sein de celle de l'étage — du moins les premiers jours, car nous avons fini par cohabiter en parfaite harmonie. Je m'occupais des repas d'André. J'avais apporté la vaisselle, l'argenterie, les napperons. Nous discutions minutieusement du menu qui lui plairait ; je le faisais confectionner par Iolé à Verrières et Terzo m'apportait notre quotidien pique-nique, avec le courrier, les messages téléphoniques, les fleurs. Le plus difficile a été d'obtenir la permission d'utiliser le réfrigérateur et le réchaud à gaz.

Deux fois par semaine, un marché dressait ses tréteaux, et déballait ses cageots multicolores et ses fripes sur le large trottoir près de l'entrée de l'hôpital, à l'abri du métro aérien, suspendu au-dessus du boulevard. J'y allais toujours, en quête d'une gâterie pour mon malade : quelques huîtres ou un petit gâteau basque. Le soin des fleurs prenait de longs moments de ma journée. Que de fleurs ! Il fallait trouver des vases et encore des vases, changer l'eau, couper les tiges, jeter les têtes fanées, arroser les cinéraires et les bégonias. André aimait cette animation autour de lui et me donnait des indications :

— Les roses roses peuvent venir sur le bord de la fenêtre. Mettez les œillets plutôt là-bas dans le coin, par terre. Vous vous rappelez qui m'a envoyé les liliums ?

Je lui lisais les messages d'amitié qui accompagnaient les bouquets et il me donnait quelquefois un élément de réponse. Car, pendant le temps où je ne pouvais pas être près de lui, je rédigeais les remerciements et m'occupais du travail courant, à l'aide de mon Hermès Baby, la petite machine à écrire plate que Louise m'avait donnée bien des années auparavant.

André Malraux a subi des soins intensifs qui lui ont permis d'aller mieux en quelques jours. Puis, le traitement en profondeur s'est étendu longuement, amenant chaque jour quelque progrès que je guettais le cœur battant. Bientôt la lecture lui a manqué. Il m'a demandé de lui trouver des... romans policiers. J'ai tout de suite alerté Flo qui lui a envoyé *L'amateur d'escargots* de Patricia Highsmith.

C'était un malade très facile. Puisque sa santé dépendait du médecin et du personnel soignant, il la leur confiait sans réserve, se soumettant à tout ce qu'on lui demandait, endurant les piqûres, le goutte-à-goutte et les amères potions avec docilité. Il ne se plaignait jamais. Toutes les infirmières de l'étage étaient enchantées d'un malade aussi célèbre et aussi gentil. Elles entraient parfois chez lui simplement pour le plaisir de le faire sourire avec leurs plaisanteries. L'une d'elles, une Guadeloupéenne rebondie, l'amusait particulièrement. Il l'avait surnommée « Verts pâturages », car elle ressemblait à une des actrices du film de ce nom. Pour une autre, il avait inventé le nom de « Moulinette » !

120

La maladie d'André Malraux inquiétait beaucoup de gens et, en particulier, l'ambassadeur de France à Dacca, Pierre Millet. Celui-ci était harcelé par le gouvernement bengali qui souhaitait savoir quand le fameux défenseur de leur indépendance pourrait répondre à l'invitation qui lui avait été faite. Il écrivait une lettre après l'autre pour demander à André une réponse impossible à donner avec précision. J'ai fini par le rencontrer dans un café au coin du boulevard Saint-Marcel, et je l'ai assuré qu'il pouvait faire des projets pour le printemps de 1973.

Est arrivé le jour de la première promenade. J'ai convaincu un coiffeur du quartier de venir jusque dans la chambre d'hôpital avec ses ciseaux et son rasoir pour pomponner mon convalescent. Nous sommes sortis. André, amaigri et très beau, marchait à petits pas sous les marronniers. Il se tenait droit, ses petits pas étaient fermes sur les feuilles mortes qui couvraient l'allée. La vie était en lui, et il l'aimait bien.

L'idée saugrenue lui est venue d'accepter d'être photographié pour *Paris-Match* sur son lit d'hôpital. Un peu de vanité peut-être ? Je ne crois pas. Il voulait plutôt entrer à nouveau dans sa vie, celle d'un homme en vue, et reprendre contact avec son lectorat, car il avait un livre en projet, ce que je ne savais pas.

Le spectacle a été horrifiant. Les photographes sont arrivés, ils ont déballé leurs projecteurs et leurs parapluies, ils ont débarrassé la table de chevet de tout ce qu'elle supportait et y ont posé un grand cadre en argent renfermant un portrait du général de Gaulle. Non contents de ces méfaits, ils ont demandé à André Malraux de s'allonger complètement, bien raide, avec son drap ramené jusqu'au menton. Et ils ont pris la photo.

J'ai tempêté en vain. Ces gens, contents d'avoir bien fait

121

leur affreux métier, se sont ri de mes protestations. Ils n'ont même pas remporté leur cadre !

La revue a paru, offrant à ses lecteurs avides de sensations la photo pleine page d'un gisant, avec la légende : « *André Malraux est devenu le voyageur immobile.* » De ce jour est née mon aversion pour cette sorte de journalistes.

C'était mal, parce que ce n'était pas vrai : il n'était pas du tout immobilisé. Mais bon... il aurait pu l'être, passagèrement. Le pire était le portrait du Général, car il proposait au public l'image d'un André Malraux attaché au souvenir charnel d'une personne disparue, et ça, c'était dénaturer sa personnalité : s'il était interpellé par la mort à un très haut degré, il était modérément atteint par la perte d'êtres qui lui avaient été proches sentimentalement.

J'irai jusqu'à dire qu'il n'était en deuil de personne. Si j'avais disparu et qu'il eût trouvé une autre femme pour prendre ma place, il m'eût pareillement enfouie dans ses limbes personnels, sans regrets prolongés ni photo.

L'hospitalisation d'André Malraux à la Salpêtrière a duré exactement quatre semaines. Il est sorti le 16 novembre, guéri.

Svelte et alerte, il était superbe. La maladie ne l'avait pas vieilli, sa chevelure n'avait pas blanchi. Jusqu'à son dernier jour il a gardé ses cheveux brun très foncé, à peine mêlés de gris aux tempes.

André Brincourt [1] l'attendait à la porte. Je lui avais transmis l'accord de Malraux pour cette rencontre. Je le cite.

Je l'ai pris [l'accord] *pour une double chance. Le revoir, lui demander d'où il venait.* [...] *Son premier mot fut :*

1. Directeur du *Figaro littéraire*.

— Me voici vertical. [...] Je reviens des limbes. Vous allez me demander si je comptais y rester. Eh bien, ce n'est pas si simple de répondre. [...]

Dans le fond, j'ai passé ma vie à donner un visage à la mort, c'était aussi une façon, disons, de la tenir en respect. Alors, quand elle n'a plus de visage !... Même pas celui de la souffrance. [...]

Ne confondons pas. Nous en avons déjà parlé, et l'expérience ici le vérifie : le trépas ne m'intéresse pas. L'homme vient au monde pour mourir. Il meurt. Point. Sans intérêt. Mais le rapport d'ordre métaphysique, lui, nous intéresse parce que l'homme a prise sur cette mort-là[1].

1. *Messagers de la nuit*, Grasset, 1995.

Lazare

Avant de quitter l'hôpital, j'étais allée au secrétariat pour régler les questions administratives, et j'avais eu la stupéfaction de constater qu'André Malraux n'était pas assuré social. Il était temps que je m'occupe sérieusement de cet homme-là !

Beaucoup d'appels téléphoniques ont été nécessaires pour trouver, enfin, dans le service compétent du secrétariat du Premier ministre, à Matignon, la personne capable de m'aider à faire affilier André Malraux, rétroactivement, à la Sécurité sociale. L'affaire a duré des mois et des mois. J'ai fait signer à André des chèques importants pour racheter ses cotisations impayées dans les années passées, puis j'ai récupéré toutes les ordonnances, j'ai rempli des dizaines de fiches et collé toutes les vignettes des médicaments dont les boîtes n'avaient pas été jetées, j'ai travaillé opiniâtrement — et j'ai réussi. L'ordre a enfin régné de ce côté-là.

Le docteur Bertagna venait à Verrières le dimanche en fin de matinée, toutes les trois semaines. Son attachement et son dévouement pour André me le rendaient particulièrement sympathique, et nos entretiens à la Salpêtrière nous avaient rapprochés. Désormais, une demi-heure après son arrivée, je descendais le rejoindre dans le bureau d'André Malraux. Ça me plaisait, car Louis Bertagna était l'homme aux mille histoires. Il racontait avec beaucoup d'esprit, et une parfaite discrétion, des anecdotes concernant ses «paroissiens» — comme il appelait ses patients — et des blagues inconvenantes qui faisaient la joie d'André. Au moment de partir, c'est à moi qu'il confiait sa nouvelle ordonnance et ses directives.

La rumeur voulait qu'André Malraux se droguât; c'était faux. Et d'ailleurs incompatible avec la nature de cet homme. Il se serait peut-être adonné à une drogue, si elle avait démultiplié son intelligence et la clarté de sa pensée, mais il ne recherchait aucun bien-être physique au détriment de ses facultés intellectuelles. Il prenait les médicaments que son médecin lui prescrivait et s'en tenait là. Certains le dopaient, indubitablement; de façon très sélective, d'ailleurs : pour écrire, c'était celui-là, pour parler sérieusement avec un visiteur, cet autre, pour converser avec des dames autour d'une tasse de thé, cet autre encore. Il les prenait ponctuellement, sans se tromper d'une minute sur le temps qu'il fallait à chacun pour agir, n'oubliait pas et ne dépassait jamais la dose. De toute façon, Louis Bertagna veillait.

Il paraît qu'il fumait beaucoup aussi. Pas de mon temps. Il tirait à petits coups rapprochés sur sa cigarette, sans inspirer la fumée, et l'écrasait rapidement. C'est son patriotisme qui lui dictait le choix de son tabac : ayant vu un jour une publicité pour une nouvelle marque de cigarettes, les «Françaises», il m'a dit :

— Allez donc voir au bureau de tabac s'il y en a déjà à Verrières.

Il y en avait. Il a alors abandonné les «Gauloises» pour

les « Françaises ». Il en fumait peu, d'ailleurs, et pouvait passer une semaine sans en allumer une seule. Ce ne sont pas là les manières d'un vrai fumeur !

Plus de whisky, plus de vin : que boire en ce novembre de résurrection ? Il y a eu la semaine du jus de tomate, celle de la grenadine, puis celle du sirop d'orgeat. André a enfin adopté le thé froid au citron, à peine sucré, piètre succédané auquel il lui fallait s'habituer. Pour soutenir son effort, j'avais renoncé à l'alcool, moi aussi. Il a accepté mon geste de solidarité pendant quelques semaines, et puis, un jour :

— Vous devriez demander du vin.

Sa volonté l'avait définitivement emporté.

Il était dans les façons d'André Malraux de passer d'une action à une autre sans aucune transition. À dîner chez des amis, par exemple, il surveillait subrepticement sa montre et, à l'heure précise qu'il avait choisie, il me faisait signe, d'un regard, tout en continuant à parler. Dès la fin de sa phrase, il se levait d'un coup, et nous prenions congé de gens qui se croyaient encore en pleine conversation ! J'avais parfois été effrayée par la soudaineté de certains comportements, surtout lorsqu'il n'était pas en bonne santé ; et puis je me suis accoutumée à ces manières abruptes, mais nullement brutales.

Ce matin-là, j'ai tout de même été étonnée, quand je suis descendue dans son bureau. Faisant semblant de rien, André écrivait avec application. Plusieurs feuillets étaient déjà rassemblés au coin de la table. Sans bouger la tête, il a levé les yeux vers moi et m'a demandé :

— Vous pouvez taper ça ?

Ça, c'était les premières pages de *Lazare* !

Sujette aux émotions diverses et simultanées, j'ai été

126

dépitée qu'il ne m'ait pas mise dans le secret de son entreprise, et à la fois follement heureuse qu'il ait à nouveau le pouvoir d'écrire. J'ai dactylographié avec exaltation :

... J'ignore pourquoi l'attaque de la Vistule fait partie du Miroir des limbes, je sais qu'elle s'y trouvera. Peu de «sujets» résistent à la menace de mort. Celui-là met en jeu l'affrontement de la fraternité, de la mort — et de la part de l'homme qui cherche aujourd'hui son nom, qui n'est certes pas l'individu. Le sacrifice poursuit avec le Mal le plus profond et le plus vieux dialogue chrétien; depuis cette attaque du front russe, se sont succédé Verdun, l'ypérite des Flandres, Hitler, les camps d'extermination. Tout ce cortège n'efface pas la journée convulsive[1] où l'humanité prit la forme de la démence comme devant la bombe atomique, mais aussi d'une pitié forcenée. Si l'aviateur s'était fait sauter avec sa bombe, au lieu de la jeter sur Hiroshima, nous ne l'aurions pas oublié — même après une autre bombe; si je retrouve ceci, c'est parce que je cherche la région cruciale de l'âme, où le Mal absolu s'oppose à la fraternité.

Nous étions entrés dans une tout autre vie.

---

1. Le jour le la première attaque allemande par les gaz à Bolgako, sur la Vistule.

Mode de vie - Travail

Notre liaison n'a pas été annoncée officiellement, mais les habitants de Verrières n'ont pas eu de peine à comprendre que les rapports qui nous unissaient, André Malraux et moi, avaient changé de nature.

J'ai quitté le Petit Verrières où ma belle-sœur Irène m'avait accueillie et où j'avais passé trois années solitaires. Là, trois avrils avaient encadré dans la fenêtre de ma chambre le petit paysage printanier que formaient l'épine rose et le seringat blanc penchés l'un vers l'autre au-dessus de la barrière d'entrée du jardinet ; là, trois automnes avaient, pour moi seule, jonché la pelouse de châtaignes luisantes aux bogues hérissées d'épines, qui éclataient en tombant. J'ai quitté le Petit Verrières, et je suis allée, heureuse, rejoindre l'homme qui m'avait choisie.

André était préoccupé par la question de notre installation. Dans la mesure où sa liaison avec moi mettait un terme à son «veuvage», il n'avait plus aucune raison de rester à Verrières. Il a débattu ce problème avec mes parents, qui ont promis d'y réfléchir et de l'aider à trouver une solution tout en lui réitérant leur invitation à demeurer chez eux.

128

J'ai emménagé dans les appartements de ma tante Louise, prenant pour lit le canapé-banquette encastré dans l'alcôve de son petit bureau. Les destinations des pièces se trouvaient ainsi inversées. Celle où je travaillais était grande. J'ai pêché quelques meubles dans ma réserve et fait poser un canapé devant la fenêtre donnant sur le jardin. Une table, des fauteuils, des lampes ont été placés çà et là : mes enfants avaient un salon ! Mélanie, pensionnaire à Paris, me rejoignait le vendredi soir ; ses sœurs seraient là aussi l'année suivante : ma chère marâtre a invité mes filles à occuper les chambres qui avaient été les nôtres quand nous étions enfants.

Le matin vers neuf heures, j'entendais, au-dessus de ma tête, André Malraux se lever. Aussitôt : « Tic, tic », j'appelais l'office et faisais monter son petit déjeuner et son courrier. Ensuite, venait pour moi le moment le plus doux. J'arrivais dans la chambre de mon André en souriant. Toujours, il disait :

— Quel est ce sourire ?

— C'est le plaisir de vous voir.

Et il me tendait les bras.

Trois années durant, notre tendre rituel n'a pas varié.

Une fois à sa table, André travaillait jusqu'à une heure moins le quart précise. J'étais prête, la voiture attendait devant le perron, nous partions pour Paris. Souvent aussi nous déjeunions à la maison, seuls dans la grande salle à manger. C'est là qu'il m'a dit, peu de jours après mon installation :

— Est-ce que vous aimeriez que nous recevions ?

Affreux ! Prise au dépourvu, je ne savais que répondre. Dans ma tête, les idées se sont mises à tourbillonner. Je n'avais aucune envie de recevoir, bien sûr, mais je me disais qu'André, maintenant guéri, souhaitait peut-être reprendre la vie qu'il avait menée quand il était ministre, et ensuite avec ma tante, allant de dîners en galas. Il fallait prendre une décision. Avec angoisse, j'ai dit :

— Non.

Et lui :

— Ouf!

C'est ainsi que nous n'avons jamais reçu personne à Verrières[1].

Comme naguère, André invitait ses amis au restaurant. La nouveauté, c'est qu'il ne partait plus jamais seul. Lorsque ma présence n'était pas requise, j'allais quand même en ville avec lui; je déjeunais avec une amie ou l'autre, puis nous rentrions ensemble. Il s'amusait du récit que je lui faisais, dans la voiture, de mes bavardages avec mes copines.

Nous acceptions aussi volontiers les invitations à déjeuner ou à dîner des Fouchet ou des Palewski ou des Zehrfuss, des Filali, des Jaigu, des Dutourd, des Maeght, des Chaban-Delmas, et de bien d'autres. Certains « ne savaient pas » et ne m'invitaient pas. C'était rare, heureusement, car André acceptait quand même, sans dire un mot, indifférent à la blessure qu'il m'infligeait. Il recevait aussi de nombreuses visites, les après-midi, mais elles ne me concernaient pas, ou très rarement. Notre vie sociale était donc assez animée, mais nous n'avions pas de vie mondaine.

André reprenait son travail après le déjeuner et ne

1. Hormis ma famille. Les échanges d'invitations entre nous tous étaient constants.

l'interrompait qu'à cinq heures, quand je descendais pour le thé. S'il avait eu un visiteur et qu'il ait pris le thé avec lui, il m'attendait pour en boire encore une tasse avec moi, dès son départ, car c'était le très agréable moment où il me parlait du livre en cours et faisait sur moi des tests de compréhension.

Au début de la matinée, André Malraux commençait par se débarrasser du courrier qu'il avait ouvert dans sa chambre. Il écrivait un brouillon de réponse pour chaque lettre, une indication de réponse pour ce qui pouvait être fait par téléphone, l'annotation : «cocotte» sur ce qui ne présentait pas d'intérêt, ou «classez». S'il fallait remercier, il le faisait sur une carte de visite. Après, c'est moi qui entrais en jeu.

Tant que son oisiveté littéraire avait laissé à André le temps d'accomplir ces tâches, je n'avais pas pensé à l'en décharger, mais, quand il s'est mis à écrire *Lazare*, il m'a semblé que quelques efforts me permettraient, dans beaucoup de cas, de me substituer à lui. L'apprentissage que je me suis imposé s'est étendu sur de nombreux mois, avec un assez bon succès. Est enfin arrivé le temps où il n'avait plus qu'à noter «oui» ou «non» dans les marges ; quelquefois : «faites ce que vous voulez». J'inventais les réponses. Il ne faisait plus lui-même que ce qui dépassait mes capacités. C'était largement suffisant. Bien sûr, il lisait mes lettres avant de signer et faisait même souvent des corrections. Mais, pour lui, quel gain de temps ! Il était content.

Mon expérience m'a aussi permis de devenir un filtre téléphonique efficace. Je savais parfois donner à mon interlocuteur la réponse qu'il espérait, mais surtout je savais différer, éconduire et refuser. Je ne faisais plus part à André que des appels qui demandaient vraiment son attention. Les journalistes étaient mes bêtes noires. Si le déluge s'était mis à tomber dans les années 1973, 1974, 1975, bien peu seraient montés sur mon arche : Olivier Todd, Julien Besançon, Jacques Legris...

Louise de Vilmorin avait été une épistolière de grand talent. Sa correspondance, très abondante et remarquable, n'est malheureusement pas publiée — le sera-t-elle jamais ? À l'inverse, André Malraux n'était pas l'homme de l'art épistolaire. Toute lettre était pour lui une besogne et il n'entretenait de correspondance avec personne. Il traçait de préférence quelques mots laconiques sur un feuillet détachable de son petit bloc.

Je dis bien son «petit bloc», car il en avait de trois tailles différentes : un grand, pour ses écrits[1] ; un autre, moitié moins grand, pour les brouillons de réponses aux lettres, etc. ; et deux petits. L'un se trouvait sur sa table de chevet pour y noter les pensées qui lui venaient la nuit ; l'autre sur son bureau, dont il se servait continuellement pour des messages du genre : «Il manque un bouton à ma chemise d'hier. — N'apportez pas le thé avant 17 h 15» qu'il donnait à Terzo, quand il passait.

Ceux qui me concernaient étaient dans le dossier réservé au travail. J'avais écrit, un jour, sur une page proche de la fin du petit bloc : «Je vous aime.» Quand il en est arrivé à ce feuillet, il l'a détaché et l'a glissé parmi les autres papiers, avec le commentaire : «Très intéressant» agrémenté d'un chat.

1. Il employait aussi des feuilles de papier normal.

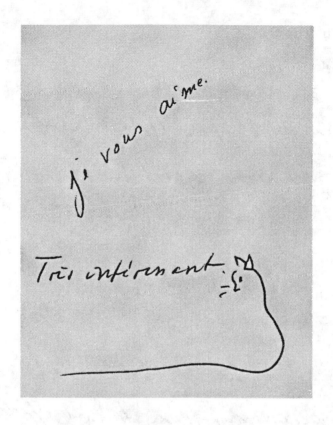

Il y a aussi des messages comiques, comme celui-ci, accroché à une lettre banale :

Ou ceux-ci :

> Quand on aura
> fini de chiper toutes
> les chemises bristol ! —

> indignation

> Vos yeux ont eu un vif
> succès auprès de Manes Sperber.
> Ha ha !

—

Pour une fois qu'il n'était pas jaloux !

André Malraux ne se servait pas non plus du téléphone. Il avait pour ce mode de communication une véritable aversion, surprenante en un temps où il était déjà si banal.

Son affaire, c'était la conversation. Il excellait dans cet art-là. Et, certes, s'il parlait beaucoup, il savait également écouter.

« *Tic, tic, tic! Menu bout!* »

André Malraux avait une qualité très singulière : on pouvait l'interrompre dans ce qu'il faisait ou dans ce qu'il disait sans qu'il en soit gêné. Cet homme si ponctuel et si précis était le roi du coq-à-l'âne ! Il n'en perdait pas pour autant le fil de sa pensée initiale, qu'il reprenait sans peine, aussitôt l'interruption terminée. Dans une conversation, si une remarque intervenait au milieu de son raisonnement et faisait dévier le propos vers un tout autre sujet, il n'essayait même pas de revenir en arrière. Ça n'avait pas d'importance. Un dialogue était fait pour être vivant.

Mes intrusions dans son bureau à des heures variées ne le troublaient donc pas du tout ; lui-même m'appelait à tout moment et me confiait du travail à toute heure.

Le matin, pendant qu'il s'occupait de son courrier, je tapais les textes qu'il m'avait donnés, par exemple, la veille au soir. Or il arrivait que je ne comprenne pas le sens de ce qu'il avait écrit, en particulier lorsqu'il avait employé un langage philosophique ou métaphysique sibyllin. Bref, je bondissais dans son bureau en disant :

— Je ne comprends pas ce passage, qu'est-ce que vous avez voulu dire ?

136

— Ah bon ! Je vais corriger, nous en parlerons tout à l'heure.

Et je repartais avec un nouveau tas de papiers.

Il trouvait que mon niveau intellectuel — soutenu par une certaine expérience de sa pensée ! — correspondait à peu près à celui de son lectorat de base. Si un passage de son texte m'avait paru obscur, il le récrivait en changeant de vocabulaire et me le soumettait pendant la récréation du thé. Il n'était satisfait que quand je comprenais parfaitement. J'aime beaucoup les mots ; cette discussion m'enchantait.

André Malraux avait un très grand souci de la clarté et de la précision de son expression, car il avait un très grand respect pour ses lecteurs.

Il n'y a pas de manuscrit d'André Malraux entièrement écrit de sa main[1]. Ordonné et minutieux à l'excès, il ne supportait ni les ratures ni les surcharges ; aussi avait-il pris l'habitude de leur substituer, par collage, un texte propre. Après avoir écrit une page ou deux, il m'appelait :

— Tic, tic, tic ! Bout.

Je dactylographiais le bout tandis qu'il rédigeait les corrections qui l'amenderaient, et je le lui apportais. Il prenait alors ses ciseaux et sa colle, découpait les lignes et les paragraphes qu'il voulait remplacer et collait ceux qu'il avait préparés. S'il restait de l'espace dans le bas de ma dernière page, il s'en servait pour continuer à écrire. Plus tard, je récupérais le patchwork.

Parfois, souvent, il ne s'agissait que d'une insertion. Pas question de coller un béquet dans la marge, selon la méthode chère à Proust. Non, non ! Il décrochait son téléphone :

---

1. Je ne m'engage que pour ceux qui sont passés sous mes doigts.

— Tic, tic, tic! Menu bout.
Combien de fois ai-je entendu cet appel?
Pour moi, il était un message de bonheur.

«Tic, tic, tic! Menu bout!»

La vie continue

Dix jours après notre retour de l'hôpital, Florence est venue à Verrières. André m'a demandé de rester avec eux ; il n'avait pas besoin d'être seul avec elle. Il est vrai qu'il régnait entre nous trois une entente affectueuse, et que jamais je ne me suis sentie de trop en leur compagnie. Flo était manifestement heureuse, et même émue, de voir son père en bonne santé et débarrassé de ses tics. Elle m'a dit l'avoir ressenti comme pacifié, enfin délivré de toute mondanité. Elle s'est mise à raconter son film ; il s'est intéressé aux détails du tournage. Moi, je voulais tout savoir sur Alain Resnais, qui m'était encore inconnu. Je n'ai pas tout su, mais j'ai compris qu'il était un mari possessif, qui ne laissait pas beaucoup de liberté à sa femme et collaboratrice, d'autant plus qu'il ne conduisait pas et ne pouvait se déplacer sans elle. Je les ai invités tous les deux à déjeuner, quinze jours plus tard.

Fina est venue de Tolède rendre visite à André Malraux guéri.

Fina de Calderon, marquise de Mozobamba del Pozo est une aristocrate espagnole toute petite — mais seulement de stature. Elle était une amie de Louise de Vilmorin et d'André Malraux. C'est dans leur salon que je l'ai vue entrer un soir, appuyant sa boiterie sur un sabre au pommeau ciselé ! Fina avait passé dans sa jeunesse bien des années allongée dans un sanatorium à Berck-Plage, et en avait profité pour apprendre un français sans défaut. Compositeur de musique et poète, elle a voué sa vie à la diffusion de l'amour de la poésie. Cette dame à l'esprit élevé écrit des livres et des articles, mais fait surtout, en espagnol et en français, des conférences saisissantes d'érudition et de sensibilité.

Chaque fois qu'elle se trouvait à Paris, elle venait voir André Malraux, qui l'écoutait raconter Federico García Lorca qu'elle avait connu dans sa jeunesse, et Rafael Alberti, Antonio Machado, Octavio Paz, bien d'autres encore. Mais ce qui les rapprochait surtout c'était la profonde relation qu'elle avait avec José Bergamin. Avant de venir en France, elle allait toujours le voir, à Madrid, dans son petit appartement situé en face du palais royal, de l'autre côté de la place de Oriente, et apportait à André Malraux des nouvelles de son vieux compagnon.

« Il y a eu une Espagne de Malraux. Une Espagne romantique dans l'action et pas seulement dans la contestation. C'est pourquoi *son* Espagne est aussi *mon* Espagne. [...] Toute une partie de ma vie disparaît avec lui[1] », a dit Bergamin à l'annonce de sa mort.

J'ai proposé un soir à André :
— Ce serait bien de faire signe à Gogo. Vous ne pouvez tout de même pas rester brouillés à jamais.
Un lourd silence a suivi cette affirmation.
Bon, c'était raté ; mais j'avais l'intention de revenir à la

1. *Le Nouvel Observateur*, 29 novembre 1976.

charge, car cette affaire avait suffisamment duré. Gogo m'avait téléphoné régulièrement du fond de son exil. Elle s'était tenue au courant de tout et avait envoyé une lettre à André. Mais il était trop têtu pour revenir facilement sur son mouvement de jalousie.

C'était un homme qui se décidait soudainement. Il serait plus juste de dire : André Malraux extériorisait soudainement ses décisions, car peut-être une petite velléité avait-elle fait en lui un long chemin de métamorphose avant d'éclater en décision subite ? Quoi qu'il en soit, au mois de février, parmi toutes sortes de messages, de pages à taper et de lettres en mal de réponse, j'ai trouvé un petit mot : « Vendredi, Gogo et moi, Lasserre. »

Bravo, André ! Je n'ai pas soufflé mot, mais j'ai trouvé admirable qu'il ait triomphé de son entêtement.

Quinze jours après ce déjeuner, Gogo est venue dîner, et nous l'avons attendue, désormais, tous les dimanches soir, quand elle revenait de la vallée de Chevreuse.

Ludmilla Tcherina déjeunait avec André de temps en temps. Mais voilà que depuis qu'elle n'était plus première danseuse étoile de l'Opéra, elle s'était découvert un talent de peintre. Elle avait peint — nous les avions vues, chez elle, ses volutes serpentines et flexueuses ! —, elle voulait exposer. Mais pas n'importe où ni n'importe comment : elle a demandé à André Malraux de lui organiser le prestigieux hôtel de Sully !

Incapable de résister à la pression de son amie, il a obtenu pour elle l'hôtel de Sully. Il a assisté en personne au vernissage. Et c'est moi qui ai accompli tout le travail, la rage au cœur !

André a amèrement déploré son geste. Il savait qu'il avait déchu. Il me l'a dit, et il a dit à Florence :

— Il y a deux ou trois choses que je regrette d'avoir faites. L'une d'elles est d'avoir cautionné l'exposition de Ludmilla.

Une autre exposition devait heureusement lui procurer plus de satisfaction.

Aimé Maeght était un homme simple, passionnément épris d'art. Pas seulement de l'art comme moyen d'expression sublime, mais aussi de l'art en tant qu'objets à acheter, à vendre et, surtout, à exposer, à montrer à ceux qui n'auraient pas sans lui l'occasion d'accéder à ce qui, pour lui, était merveille.

Il travaillait depuis longtemps à la réalisation d'une exposition au sujet grandiose : « André Malraux et le musée imaginaire [1] », dont l'inauguration devait avoir lieu l'été suivant, à la fondation. André Malraux apportait tout son soutien à ce projet et il a reçu Aimé Maeght à plusieurs reprises durant le printemps.

Les jours coulaient, André Malraux écrivait *Lazare* :

> *Du récit semblable à la nuit qui aveugle la terre quand le Christ expire, les sculpteurs du Rhin, Grünewald, l'Espagne ont tiré les images qui nous crient qu'on évoquait la Passion dans les charniers. La Crucifixion est plus profonde que cette éloquence. Nul ne parle sous la torture avec sérénité. Socrate, qui dialogue noblement avec la mort, n'aurait rien à dire au*

1. « Le musée imaginaire n'est pas une réalité, il est dans l'esprit de chacun. Il est ce que vous préférez dans ce que vous connaissez de la peinture et de la sculpture. [...] Il n'est pas du tout nécessaire que le musée imaginaire devienne une réalité. Sa réalité est mythique : elle est dans l'esprit de tout artiste. Ce qui fut très impressionnant aujourd'hui, c'est que, par la volonté d'Aimé Maeght, un musée imaginaire est devenu réalité [...] » (Conférence de presse, Saint-Paul-de-Vence, 13 juillet 1973).

supplice. Le crayon s'est cassé sur la dernière phrase de Valéry : «Après tout, personne, avant le christianisme, n'avait dit que Dieu est amour. » Personne, depuis qu'existait la parole, n'avait répondu à l'esclave née en vain, qui présentait aux dieux de Rome le corps de son enfant mort en vain.

C'est alors que sont arrivées les invitations officielles d'Indira Gandhi et de cheikh Mujibur Rahman.

Il y avait à cette époque, en Roumanie, une gérontologue, le docteur Aslan, qui avait acquis une grande renommée pour avoir mis au point un médicament miracle contre le vieillissement : le Gérovital. Ce remède faisait fureur en France. André Malraux a pris conseil de Louis Bertagna et décidé d'en faire une cure. Le Gérovital se présentait sous forme d'ampoules injectables. On faisait une série de piqûres, puis une pause de quelque temps et on recommençait. Je me suis chargée des piqûres, très satisfaite du dynamisme de mon vieux compagnon : il voulait se sentir en forme pour le voyage qui se préparait.

J'étais grisée et me suis lancée dans une activité fébrile. Il fallait s'occuper des vaccinations et des passeports, prévoir le papier à écrire, la colle, les médicaments, vérifier nos garde-robes d'été, prendre des rendez-vous chez le dentiste... Enchantée de tout, je trottais, j'organisais.

Nous allions partir pour un lointain voyage !

Voyage en Inde - 1973

Nous avons quitté Verrières le samedi 14 avril.

C'était la première fois qu'André voyageait dans un Boeing 747, ce qu'il a trouvé agréable, d'autant plus que l'hôtesse de bord était une amie de Madeleine Caglione, sa fidèle secrétaire du temps du ministère.

Ma première vision d'Orient a été le survol du Koweït, avant l'escale : collines désertiques piquées des cheminées enflammées des puits de pétrole ; puis, dans le bâtiment réservé aux passagers en transit, une rangée de superbes bédouins enrobés et enturbannés de blanc immaculé, immobiles et silencieux dans la touffeur de la salle d'attente. Dehors, un grand vent chargé de sable.

Arrivée à Delhi très tôt le matin. L'ambassadeur de France, Jean-Daniel Jurgensen, et sa femme, Rose, nous attendaient. Sibal, attaché à l'ambassade de l'Inde à Paris, avec qui j'avais préparé tout le voyage, était là aussi. Il sera l'interprète d'André Malraux pendant notre périple dans son pays.

On nous conduit au Capitole, le magnifique palais à colonnades du vice-roi des Indes, tout rose, cerné de murailles ajourées, à l'extrémité d'une large avenue bordée de grands arbres, à la chaussée ponctuée... de vaches ruminantes. Des soldats au garde-à-vous encadrent notre arrivée et, dans nos appartements, huit serviteurs aux tuniques blanches chamarrées d'or, aux turbans rouges ou bleus, plats ou pointus nous attendent.

C'était épatant !

Un jardin moghol s'étendait sous nos fenêtres, compartimenté en parcelles symétriques bordées de tout petits murets roses. Çà et là des arbres impeccablement taillés, des bassins, des constructions dentelées, le tout sur fond de bosquet, et où déambulaient des paons.

Dans l'après-midi André est allé déposer une gerbe sur la dalle de Gandhi, puis sur celle de Nehru. Malgré la chaleur de la saison qui précède la mousson, malgré la fatigue du voyage et le décalage horaire, André Malraux, mince, digne (chaussons de rigueur enfilés par-dessus ses souliers !), était impressionnant par la densité même de sa présence. Il était bien guéri. Merveilleusement.

Après le dîner à l'ambassade de France, par un superbe clair de lune, plus doré, plus éclatant qu'en Europe, nous sommes allés assister à un spectacle «Son et lumière» au fort Rouge, mais les innombrables moustiques nous en ont bientôt chassés.

Deux grands bouquets de fleurs, envoyés par Indira Gandhi, nous attendaient dans nos chambres.

Pour André Malraux, les rendez-vous se sont succédé dès le lendemain de notre arrivée : entretien avec le ministre des Affaires étrangères, visite de l'ambassadeur Pierre Millet pour mettre au point le programme du séjour au Bangladesh, déjeuner à l'hôtel Ashoka avec le vice-chancelier de l'université Nehru... J'étais la seule femme invitée à ce déjeuner, position d'autant plus enviable qu'André m'avait prévenue :

— Ne vous tracassez pas pour la conversation. En Asie, on attend des femmes qu'elles ne disent rien.

Ça me convenait très bien.

À sept heures, rasé de près, pensant se rendre à une grande réception, André est parti pour la résidence privée d'Indira Gandhi où je devais le rejoindre, plus tard dans la soirée. Mais une heure s'était à peine écoulée que la voiture est venue me chercher : j'étais invitée pour le dîner. Je m'attendais à voir beaucoup de ministres avec leurs femmes enrobées de saris chatoyants, aussi ma surprise fut-elle complète, car... nous n'étions que quatre ! Indira Gandhi, son conseiller Haksar, André et moi.

Soirée mémorable. Ce chef d'État était une femme aimable qui semblait heureuse d'aborder les sujets les plus simples. Elle s'exprimait dans un français à peine hésitant, souvenir de deux années passées en pension à Lausanne, ou en anglais, langue qu'André Malraux comprenait assez bien, et que je traduisais quand il me le demandait d'un coup d'œil. Elle nous a montré une miniature représentant son arrière-grand-père, nous a parlé de ses petits-enfants et s'est enquise de mes filles. Puis, abandonnant les sujets anecdotiques, elle a abordé la difficulté de gouverner un pays composé d'autant d'ethnies, de langues, de religions et de castes différentes. Elle a raconté :

— Il y a quelques mois, une grave disette sévissait dans une région du Sud-Est, où la récolte de riz avait été anéantie. J'ai donc fait envoyer du riz d'importation, mais les habitants n'ont pas voulu le manger : ce riz américain n'avait ni la forme ni la couleur de celui qu'ils cultivaient eux-mêmes, il ne trouvait pas sa place dans le cadre de leurs superstitions... Plusieurs enfants sont morts de faim, le cas devenait très grave. Je me suis rendue sur place et, pour donner l'exemple, j'ai mangé du riz, imitée par certains... qui l'ont trouvé délectable. Voyant cela, la population a suivi. Je croyais l'affaire terminée; mais pas du tout! Le riz américain était bon, aucun effort n'était nécessaire pour l'obtenir; alors, ils n'ont plus voulu cultiver le leur!

Nous nous habituons déjà à la vie dans notre palais.

Pendant qu'André travaille, je le visite. Un majordome m'accompagne à travers les pièces d'apparat du temps de la colonisation. Les Anglais semblent n'avoir pas laissé ici de souvenir odieux : les portraits en pied de la reine Victoria et d'Albert, des vice-rois et de leurs épouses, croulant sous les dorures, garnissent les murs du grand salon de réception. Je vais aussi en ville, en particulier à l'hôtel Ashoka, où se trouvent le coiffeur et les boutiques plus ou moins européennes : c'est là que j'achète les cartes postales et, surtout, le chocolat dont André ne saurait se passer.

Deux voitures sont à notre disposition : dans la première, qui nous est réservée, un gorille en turban bleu prend toujours place à côté du chauffeur. Ce «dur» a pour tâche principale de nous décharger de nos achats; André l'a surnommé notre «porte-paquets»! La seconde automobile transporte Sibal et des gens du protocole.

Ce matin-là, André Malraux a rendu visite au président Giri, à l'autre extrémité du Capitole, puis nous sommes allés au Musée national où il n'a pas retrouvé les objets d'art ni les peintures populaires qu'il voulait justement revoir. Ils avaient été déménagés dans le nouveau petit musée d'Art populaire, où nous avons passé un moment agréable.

Après le déjeuner très officiel à l'ambassade de France,

avec Indira Gandhi et plein de ministres, André a commencé à être fatigué de tant parler à tant de gens, par une si grande chaleur. Au dîner, il était presque aphone. En plus, nous avions le projet de partir le lendemain pour Agra, et je le sentais angoissé à l'idée de se lever à cinq heures trente.

Les avions décollent et atterrissent très tôt le matin en cette saison, car plus l'heure avance, plus la chaleur s'appesantit et plus l'asphalte des pistes s'amollit, les rendant à peu près impraticables.

Malraux avait accepté que son voyage fasse l'objet d'un reportage pour *Paris-Match* et pour la télévision française, et il se pliait avec beaucoup de bonne grâce aux contraintes que cela impliquait.

Il était un véritable professionnel : la conscience qu'il pouvait avoir de son importance n'avait pas fait de lui une vedette capricieuse. Jamais il n'a décommandé un journaliste par ennui soudain ou par fatigue réelle, jamais il n'a écourté une éreintante conférence de presse ; il accomplissait jusqu'au bout le travail auquel il s'était engagé.

D'un tournage à l'autre, il dévoilait donc au monde la tragique poésie du Taj noir ou la signification symbolique des sculptures érotiques des temples de Kadjurao :

— Le vocabulaire pudique de l'époque victorienne a appelé «érotiques» les représentations sexuelles. Or l'érotisme de ces sculptures est seulement l'élément sexuel enrobé dans l'élément cosmique.

Il ne s'agissait d'ailleurs pas seulement d'art et d'architecture ; la politique et la religion de l'Inde mobilisaient tout autant son esprit :

— L'Inde que nous sommes en train de voir se développer et presque de voir naître est l'héritière de valeurs

148

spirituelles, et porte en elle la volonté de trouver une âme commune de l'Inde et d'en trouver l'expression. Donc, j'admire un empire créé uniquement sur des valeurs spirituelles, par des hommes qui ne se réclamaient que d'elles, et qui, à l'heure actuelle, porte en soi l'espoir d'une des réalisations les plus considérables de l'humanité.

Philippe Halphen a ainsi réalisé deux très beaux films, l'un sur l'Inde et le Népal, l'autre sur le Bangladesh.

À Agra, André est ravi : non seulement il y a plein de choses qu'il a envie de voir, mais encore il peut les voir quand ça lui plaît ; plus de ministres, plus d'obligations. Il en oublie qu'il n'a pas assez dormi et m'entraîne vers le Taj Mahal, glorieux dans sa blancheur et dans la perfection que lui a donnée l'amour.

Des petits écureuils gris courent sur les pelouses.

Dans le fort, devant l'admirable vue du Taj, au-delà de la Jamna, sa voix s'élance :

— Vous savez que Shah Jahan était prisonnier de son fils Aurangzeb, ici, dans le fort d'Agra. Il espérait, s'il était libéré un jour, faire construire de l'autre côté de la rivière un tombeau exactement semblable au Taj, et ce tombeau, le sien, serait en marbre noir. Mais il est mort en prison. Et l'on peut dire que l'un des plus beaux monuments du monde est le monument qui n'a jamais existé, le tombeau de Shah Jahan, qui était un rêve, et que personne n'a jamais fait.

Cet après-midi-là, après une longue sieste, nous faisons des emplettes dans les boutiques de l'hôtel : des sandales pour mes filles, des éléphants couverts de paillettes, un chat en cuivre… André avise un tailleur pédalant devant sa vieille Singer. Au mur de son échoppe, une pancarte annonçait : « Confection de jupes en deux heures. » Amusé,

il entraîne Rose Jurgensen et moi acheter le métrage nécessaire d'un tissu indien grossièrement surbrodé de maca-
rons multicolores, dont certains retenaient des pastilles de
miroir. Et nous avons bel et bien pu mettre nos jupes pour
le dîner !

Encore un regard au Taj Mahal, resplendissant dans le
clair de lune...

De retour à Delhi, nous avons eu le temps de filer à
l'Emporium du Bihar où André a acheté trente-huit aquarelles populaires du Madubani, roses, blanches et noires,
inspirées de la mythologie hindoue. Encadrées d'une simple
baguette blanche, nous les avons suspendues tout le long
de l'escalier, à Verrières. Deux d'entre elles sont accrochées aujourd'hui devant moi, au mur de mon bureau.

Et puis, c'est le jour du départ prévu pour le Bangladesh ; nous devions partir tôt dans l'après-midi mais le vol
a été annulé à cause de l'état de la piste. Nous sommes
donc sans projets. Écolier en vacances, André propose :

— Allons au zoo, on m'a dit qu'il y avait un tigre blanc.
Et puis, nous irons faire un tour chez les antiquaires.

Nous avons bel et bien vu le tigre. André était ravi et le
caressait des yeux, comme il le faisait pour tous les félins et
animaux au poil doux, écureuils, pandas et autres ragon-
dins, qu'il ne pouvait tenir sur ses genoux.

Sibal nous a emmenés dans une boutique d'antiquités
spécialisée dans la pierre sculptée. Là, André était à son
aise ; il reconnaissait parfois l'époque et la provenance
des morceaux de temples ou de statues, des sculptures,
des fragments en tout genre ; sinon, il se faisait donner
toutes les explications nécessaires. Nous avons acheté
deux petites têtes, l'une en terre cuite, le visage entouré de
friselis, l'autre plus sévère, en pierre usée par le temps.

150

Plus loin, nous sommes entrés chez un marchand d'anciens objets de la vie quotidienne. Il y avait des tentures, des vêtements somptueux aux ors ternis, des couvertures de nomades en patchwork, des ustensiles multiples. Les vestiges des peuplades de l'Himalaya et, par-delà, de celles de la profonde Asie désertique se trouvaient réunis là. Une couronne était posée, seule, sur une console ; une haute couronne en cuir, entièrement tapissée de turquoises grossièrement taillées que barraient deux plaques verticales d'argent ciselé.

— C'est l'objet le plus poétique que j'aie vu depuis longtemps, a dit André. Quelle est son histoire ?

— Les tribus montagnardes avaient des rois..., a commencé le marchand.

André a acheté la couronne.

Nous avons déjeuné, délicieusement seuls, au Capitole ; puis il a travaillé à mettre ses papiers en ordre, et il a commencé à écrire son discours de doctorat pour Rajhahi. Je tapais, il relisait, il coupait, je collais...

Voyage au Bangladesh

Nous survolons, peu après l'aube, la plaine du Gange desséchée ; nulle verdure avant l'approche de la côte orientale et les palmiers de Calcutta. Là, une conférence de presse avait été improvisée pour occuper le temps de l'escale. Pas une minute du héros ne devait être perdue ! Plusieurs colliers de fleurs sur les épaules et les bras chargés de bouquets, il affronte l'épreuve… avec moi pour seule interprète. Et là, il m'a étonnée car, à deux reprises, trouvant ma traduction floue, il a dit lui-même le mot qui exprimait précisément sa pensée. On l'avait pourtant souvent entendu dire :

— Je parle assez bien l'espagnol, mais pas du tout l'anglais, même si je le comprends un peu. D'ailleurs, connaître les langues ne sert à pas à grand-chose quand on est ministre, parce que tous les entretiens officiels avec des étrangers sont obligatoirement traduits par un interprète.

De Calcutta à Dacca, la distance est courte. Sous nos ailes s'étendait la platitude des terres trempées d'une région où se rencontrent les deltas du Gange et du Brahmapoutre, ces géants sacrés descendus de l'Himalaya, dont les eaux, à proximité du golfe du Bengale, stagnent et louvoient, changeant de lit d'un jour à l'autre, serpentant capricieusement en larges méandres dans leur recherche de la plus grande pente. Il y a, au Bangladesh, un ministère de l'Eau et des Inondations, c'est tout dire!

L'arrivée d'André Malraux à Dacca a été triomphale et émouvante. Paré de colliers de fleurs, il a rejoint l'aérogare entre deux rangées d'enfants des écoles qui criaient : «Vive Malraux!»

Nous habitons au Bangabhaban, le Capitole de Dacca, résidence du président Chowdhury, chez qui André Malraux doit tout de suite se rendre, avant d'aller saluer cheikh Mujibur Rahman. Mais ne traînons pas! Les étudiants l'attendent :

— Je parle aujourd'hui pour la première fois dans la seule université du monde qui ait plus de morts que de vivants!

Pendant ce temps, l'enfant gâtée du voyage fait défaire les bagages! J'essaye en vain de trouver du chocolat et des cartes postales.

André revient trempé de transpiration. Vite, vite, la douche, la chemise fraîche. Nous nous rendons au grand déjeuner donné par Mujibur Rahman.

André Malraux était assis à droite du libérateur du Bangladesh, moi à gauche, émue et honorée d'être placée à côté de ce révolté aux hautes aspirations, de ce magnifique résistant — mais très satisfaite de ne pas avoir à lui faire part de mes sentiments. Un sourire suffit. Un autre, à gauche, au ministre de l'Eau et des Inondations, et voilà la conversation terminée.

Pendant le déjeuner, les nuages se sont amoncelés, nuages gris et bas, annonciateurs de la mousson, courant sous le grand vent et s'effilochant par moments pour laisser passer un somptueux éventail de lumière dorée. Nous nous rendons à Savar où André Malraux dépose une couronne au pied du monument aux morts de la Résistance, aux accents d'une sonnerie militaire lancinante. Sous une pluie torrentielle, mais de courte durée, c'est à l'hôpital qu'André Malraux va maintenant parler aux blessés de la guerre. Une haie d'éclopés l'attendait et il entre sous les vivats.

Il m'avait dit :

— La visite à l'hôpital me met assez mal à l'aise. Ce n'est pas facile de parler à la souffrance des autres.

Mais lorsqu'il s'est trouvé devant ces jeunes hommes atrocement mutilés, une grande pitié est montée en lui, qu'il a su exprimer d'une manière émouvante. Prenant le collier de fleurs qu'on lui avait offert à son arrivée, il l'a passé autour du cou d'un malheureux garçon amputé d'un bras et d'une jambe en lui disant :

— Ces fleurs sont beaucoup mieux à leur place sur vos épaules que sur les miennes...

Il est sorti de l'hôpital très bouleversé. Or, devant la porte, se trouvait le blessé à qui il s'était adressé quelques minutes plus tôt, traîné là par des camarades. Parmi les fleurs qu'André Malraux lui avait données, il avait retiré les bleues, les blanches et les rouges pour en confectionner une couronne qu'il lui a mise sur la tête.

La journée était loin d'être finie. D'obligations en réceptions, elle s'est terminée assez tard... et où en était le discours pour le lendemain ? Minuit avait sonné depuis longtemps quand nous avons cessé de travailler.

Dimanche 22 avril, c'est le jour de Pâques. Celui aussi où André Malraux va être nommé docteur honoris causa de l'université de Rajhahi. Nous partons au petit jour,

André écrit dans l'avion la fin de son discours, que je tape dans l'hélicoptère qui nous dépose à l'université. Mais nous n'en avons pas de copie pour le traducteur! C'est la panique: l'ambassadrice, Sophia Millet, dégote une machine à écrire, et nous voilà toutes les deux tambourinant à qui mieux mieux sur nos claviers. Il a quand même fallu retarder la cérémonie.

L'amphithéâtre était comble, la police refoulait les étudiants en surnombre qui se bousculaient aux portes. Une légère somnolence m'a emportée loin des premiers discours, mais j'ai ouvert les paupières quand le recteur a remis son diplôme à André Malraux en robe de satin rouge et que celui-ci s'est coiffé du bonnet carré à pompon pour prendre la parole sous le crépitement des applaudissements.

[...] *Salut, morts des forêts qui nous entourent!*
Vous avez montré au monde qu'on n'assassine jamais assez pour tuer l'âme d'un peuple qui ne se soumet pas. C'est vous dont la foule est allée chercher cheikh Mujibur Rahman dans sa prison, et les chars alliés sont entrés à Dacca escortés de vos millions d'ombres!

De retour à Dacca, nous espérions rester seuls, mais le président nous a fait dire qu'il viendrait déjeuner avec nous dans nos appartements. Il est arrivé, à deux heures, accompagné de sa femme et de ses trois enfants. Les messieurs ont discuté de la Chine et du contrôle des naissances. Mme Chowdhury, femme agréable et d'une conversation facile, avait apporté une corbeille de fruits confits qu'elle avait faits elle-même.

Adieu, sieste! Visite au musée, visite au collège des Arts et Métiers, pas de boutiques, pas d'antiquaires, mais cocktail à l'hôtel Intercontinental chez les Millet et là, une bonne surprise : Sophia avait reçu des œufs de Pâques en chocolat, et elle en donne un à André.

Bonne surprise aussi pendant le dîner chez le ministre des Affaires étrangères : il avait engagé un groupe de jeunes chanteurs et chanteuses qui nous ont charmés avec des chants révolutionnaires aux airs à la fois âpres et mélodieux, très rythmés. André Malraux a demandé la répétition d'un chant, et l'assemblée était heureuse d'avoir su plaire à l'hôte célèbre.

Malraux aimait les honneurs, et le Bangladesh l'a honoré à satiété. Je crois que c'est le contentement qu'il en éprouvait qui lui a permis de résister au rythme d'activité physique et intellectuelle insensé qui lui a été imposé pendant ces quelques jours. Il en était proprement dopé.

L'ambassadeur lui avait dit qu'il aurait à faire un discours dès l'arrivée à Chittagong, grand port sur le golfe du Bengale. Mais comment donc ! Les avions sont faits pour qu'on y travaille !

Le problème de la copie pour le professeur Qureshi [1], qui assure la traduction, se pose. Inévitable retard. Cependant, sous des tentes multicolores, les autorités de la ville et les étudiants attendent. La réception est enthousiaste. Au son de la voix d'André Malraux, les vivats éclatent, l'immense gratitude de ce peuple convalescent s'exprime en longues clameurs, et l'émotion submerge tout.

Toute la journée, visites, entretiens, discours, encore et encore. Et l'infernale chaleur... Pierre Millet, qui sent bien que je le tiens pour un tortionnaire, se veut rassurant :

---

1. De retour en France, André Malraux lui a écrit : «Je tiens à vous dire la mémoire amicale que je conserve de notre collaboration. [...] L'intelligence, la rapidité, le ton de vos traductions ont établi une communication, et quelquefois une communion, dont je vous suis reconnaissant.»

— Maintenant c'est le relax !

Un hélicoptère nous emporte vers Kaptai, petite ville dans la montagne, au bord d'un lac. Nous sommes en retard, le soir ne va pas tarder à tomber, il faut se dépêcher de monter en bateau. Toute une foule nous accompagne, outre les Millet, qui répètent inlassablement :

— Vous voyez, c'est le relax !

Il n'empêche qu'André, harassé, était obligé de faire la conversation aux uns et aux autres, avec le projecteur de la télévision dans l'œil.

Alors, brusquement, il les a quittés.

Je me tenais tranquillement en retrait dans la brise née du mouvement du bateau, quand il est venu vers moi en me regardant avec une intensité inhabituelle. Je n'ai pas su déchiffrer l'expression de son visage ; elle m'a pourtant fait battre le cœur. Il m'a rejointe en quelques pas et m'a entraînée plus loin, à l'écart, où nous nous sommes accoudés côte à côte au bastingage. André a alors saisi ma main et il a pressé son corps contre mon corps, avec ferveur. Et là, doucement, longuement, par la force de notre communion, nous avons fondu l'un en l'autre dans une intimité absolue. Pendant cet instant, j'ai été sa source, son repos, sa survie. Il m'a inondée de sa confiance. Il m'a tout pris, il m'a tout donné.

Ce soir-là, sur le lac de Kaptai, nous avons été emplis l'un de l'autre, totalement, dans la sérénité ineffable de ce crépuscule du bout du monde.

Il était prévu de passer la nuit dans une *guest house*, auberge sommaire, perchée dans une relative fraîcheur, loin de la touffeur du golfe. C'est là que, pour le dîner, André a pu mettre enfin son pantalon de toile blanche et sa belle chemise rouge ! Il attachait beaucoup d'impor-

tance à l'élégance vestimentaire, et cette chemise rouge
était sa tenue de sport préférée.

De nouveau l'Inde.
La pauvreté n'en finit pas dans cette région du monde.
L'ancienne Delhi, c'est des ruelles encombrées de gens, de
bicyclettes, de rickshaws, de vaches, de crasse, de misère…
Nous sommes passés à la Grande Mosquée, des hommes
étaient allongés par terre, d'autres chantaient près du bas-
sin. La détresse est immense, elle envahit tout, même l'air.
Ces malheureux ne se défendent pas, ils ne se soumettent
pas non plus passivement, ils acceptent, avec une colossale
humilité. La spiritualité est là. Elle émane de ces corps
émaciés, espoir peut-être en une réincarnation meilleure,
que l'on sent vibrer, douloureusement.

Le Népal - Bénarès

Déjà jeudi ! Nous partons pour Katmandou, survolant l'Himalaya dont les sommets glacés transpercent les nuages et étincellent contre le bleu du ciel. C'est un voyage de plaisir, André Malraux n'est jamais venu au Népal, le voilà touriste. Sur la route qui nous mène à la résidence de l'ambassadeur, notre voiture manque d'emboutir... un éléphant ! Il y en a beaucoup dans la ville. François Toussaint nous explique qu'ils sont montés en grand nombre de la forêt vers la ville, pour participer à la cérémonie des obsèques de la grand-mère du roi Birendra.

Ils s'en retournent maintenant, lentement.

Ici, la misère est aussi profonde qu'en Inde, mais elle a le sourire du bouddhisme. Des nuées d'enfants, en loques, poursuivent les étrangers en tendant la main, tandis qu'une petite lueur gaie volette dans leurs yeux noirs. Ils ont dû deviner qu'André aimait les chats : en voilà un dans nos mains, tout petit, tout noir lui aussi. Heureusement que j'avais fait provision de piécettes !

Nous avions donné rendez-vous à Jean-Daniel Jurgensen à Bénarès. André Malraux est docteur honoris causa de l'université sanscrite de Bénarès. Ici, il connaît tout, des vestiges du bouddhisme au renouveau triomphant de l'hindouisme, de Sarnath au temple de Ganesha. Il connaît aussi admirablement les textes, qu'il a lus pour la première fois à dix-sept ans.

Mais hélas, l'après-midi de notre arrivée, il ne se sentait pas bien du tout. Ce malaise était certainement le contrecoup de la fatigue endurée au Bangladesh, auquel s'ajoutaient la nourriture différente et le climat d'altitude rencontrés au Népal. Il souhaitait rester dans sa chambre. Cependant, la journée n'était pas encore terminée et l'ambassadeur nous attendait.

La maladie d'André n'était pas grave ; il m'a semblé que je pouvais le quitter un peu pour m'adonner aux joies du tourisme. Je suis parvenue à lui faire entendre que Jurgensen n'était pas venu nous rejoindre à Bénarès pour passer la soirée seul à ronger son frein et qu'il était plus aimable que je sorte avec lui. Je l'ai soigné, j'ai donné au personnel les directives nécessaires et je suis partie. Je voulais voir, découvrir, mettre en moi le maximum de ce que j'étais capable de comprendre de ce lieu prodigieux, couronné de l'Himalaya, où le sublime et le putride cohabitent, où la divinité du Gange anéantit le sadhou bariolé qui la prie dans une humilité ascétique, où les émanations des bûchers qui font éclater les crânes des morts empuantissent les rives du fleuve dont les eaux charrient des immondices, tandis que les vivants s'y plongent pour retrouver la pureté.

Nous sommes allés à Sarnath, au parc aux Gazelles où avait prêché le Bouddha, mais en m'aventurant jusque-là, un pressentiment m'est venu qui ne m'a pas trompée.

Au retour, André m'attendait, debout dans le hall de l'hôtel, habillé pour sortir et fulminant. Il était passé dix heures du soir, l'ambassadeur a pris congé.

Il est des situations déplaisantes contre lesquelles on ne peut pas se battre. La vie est piquetée de désastres, plus ou moins importants, dont il faut endurer les conséquences. Je me trouvais devant l'un d'eux.

— Où êtes-vous allée, si longtemps ?
— Aux ghâts, au parc aux Gazelles...
— Nous y retournons.
— Mais nous n'avons pas de voiture...
— Débrouillez-vous.

Je n'ai pas voulu le conflit.

Le tourisme nocturne n'étant pas prévu, il a fallu faire éveiller un chauffeur, trouver une voiture en état de marche... Onze heures avaient sonné quand nous sommes partis faire le périple exact que j'avais accompli avec Jean-Daniel Jurgensen un peu plus tôt. Quelle fin de soirée sinistre ! André n'a pas desserré les lèvres.

Nous avons embarqué le lendemain de très bonne heure pour une promenade sur le Gange. Le soleil scintillait dans les ondulations du fleuve, mais la chaleur n'avait pas encore accumulé sa touffeur oppressante. Nous étions rassérénés.

Notre bateau, tout en bois, était une large barque occupée pour les deux tiers par une cabine, une maisonnette plutôt, au toit en terrasse cerné d'une petite balustrade où des chaises avaient été placées. À l'avant, deux hommes vêtus de blanc plongeaient en cadence, sans hâte, leur longue rame dans les remous. Nous étions juchés sur la terrasse. Un boy tenait bien droit au-dessus de nos têtes un grand parapluie noir en guise d'ombrelle, et je riais intérieurement en pensant que nous aurions pu poser pour l'illustration de Babar et Céleste en voyage à Bénarès.

161

Indira Gandhi avait fait demander à Malraux, dès le premier jour, quels étaient les lieux où il désirait se rendre pendant son séjour, et il avait cité Udaipur. Nous nous envolons donc vers cette ravissante petite ville, en plein sud-ouest de Delhi, très loin, à mi-route de Bombay. André ne la connaissait pas, mais on lui avait vanté le palais-hôtel qui se dresse tout blanc au milieu d'un lac.

Il est vrai que c'était charmant. Nous habitions une construction de colonnettes et de volutes de pierre; les ouvertures, destinées à permettre les courants d'air rafraîchissants, n'avaient pas de vitres, les oiseaux y pénétraient, traversaient d'un coup d'aile les vastes pièces que de rares meubles laissaient presque vides; les passages extérieurs s'échancraient en loggias et en terrasses où l'on s'asseyait pour regarder les montagnes, incolores à force de chaleur, qui encerclaient le lac.

Nous sommes allés chez un marchand de miniatures plus ou moins anciennes. Assis côte à côte sous un grand ventilateur à larges pales qui tournait lentement, nous en avons choisi et acheté au moins quinze. André m'a dit :

— Elles sont pour vous.

Travaux

André n'était pas satisfait d'habiter à Verrières, dans une demeure qui n'était pas la sienne et où il se sentait de plus en plus indiscret. Or le livre qu'il était en train d'écrire lui ouvrait des possibilités financières nouvelles. Il m'a dit bientôt :

— On m'a parlé d'une demoiselle de Penmarc'h qui pourra vous aider dans la recherche d'un appartement.

Son propre appartement de la rue de Montpensier était donné en location. Il ne voulait s'y installer en aucun cas.

Me voilà donc courant, avec cette dame, à la recherche de l'habitation idéale. J'ai visité un appartement charmant quai Voltaire, mais il n'y avait pas la place pour mes enfants ; j'ai visité un superbe appartement rue Barbet-de-Jouy, mais André a eu peur du vacarme des récréations du lycée Victor-Duruy. Il m'a accompagnée à Versailles pour voir une belle maison, rue de l'Ermitage : elle aurait fait l'affaire si elle ne s'était pas trouvée à Versailles et si le jardin, clos de murs élevés, n'avait pas été trop petit. Nous sommes allés ensemble cour de Rohan, mais seule l'adresse lui plaisait et pas du tout l'appartement proposé.

Bref, il devait partir, il voulait partir, mais il n'avait manifestement pas envie de quitter Verrières.

C'est sur l'idée de Jean-Baptiste, que mon père, en accord avec son frère André et son neveu Sosthène, a apporté à André Malraux la solution idéale : il souhaitait être chez lui et en même temps rester à Verrières ? Les Vilmorin proposaient de lui louer le pavillon, c'est-à-dire la partie de la maison que nous habitions déjà.

C'était épatant ! J'étais follement soulagée de ne pas avoir à déménager. Un bail a été signé dans les règles, et Corinne désignée pour assurer les relations avec les locataires.

André, enfin chez lui, a décidé de faire des travaux. Henri Samuel, le décorateur engagé pour les exécuter, a essayé en vain d'imposer son style à un client qui avait un goût arrêté et des idées définitives. C'est dans le fumoir que sont intervenus les plus grands changements. André a voulu le moderniser, masquant les boiseries avec des panneaux amovibles recouverts d'une épaisse toile de soie brute, couleur crevette. Il avait choisi un tissu grenat foncé pour les rideaux, comme pour le canapé et les profonds fauteuils qui venaient de son garde-meubles. Des bibliothèques en chêne cérusé ont été appuyées, en vis-à-vis, à côté des fenêtres, tandis qu'une table basse, avec un plateau de verre qu'il a fait graver d'un oiseau de Georges Braque, était placée en face de son bureau, du côté de la cour. Il aimait les tapis de haute laine et les carpettes chinoises : nous avons fait des achats. Il a trouvé à la biennale des antiquaires une magnifique table rustique espagnole du XVIIᵉ siècle qui est devenue son bureau. Comme le fauteuil, plus rustique encore, était un peu trop bas, Gogo a fait faire chez Hermès, pour le rendre confortable, un gros coussin en cuir qu'elle lui a donné en cadeau.

Ma tante Louise avait commandé au sculpteur breton

Hiquily, pour la rue de Montpensier, deux tables. C'était des stabiles de cuivre martelé, en croix, supportant un épais plateau de verre, dans lequel était incrusté le trèfle, emblème de Louise, avec son initiale prolongée de la lettre A. André n'avait jamais vu ces tables ; ses locataires avaient envie d'en acquérir une ; j'ai été chargée de la leur vendre et de rapporter l'autre à Verrières. Placée devant le canapé du bureau, nous y avons pris désormais nos repas, délaissant définitivement la grande salle à manger.

L'art moderne, l'art nègre et l'art populaire ont envahi la maison. Les trésors d'André Malraux avaient des sources diverses. Certains étaient des présents des artistes eux-mêmes, d'autres avaient été trouvés chez des antiquaires, beaucoup provenaient des marchés du tiers monde.

Il possédait de beaux tableaux, mais le plus beau, c'est la *Barque sur la grève* de Braque : une plage de sable, une barque bleue au bord d'une mer noire, sous un ciel noir, entourés d'un large cadre peint en noir. Mais est-ce la mer ? est-ce le ciel ? Il n'y a plus de cadre, c'est l'infini.

Et puis, un des *Otages* de Fautrier, le *Chemin vineux* et le *Jazz-band* de Dubuffet, une très belle *Tête du Christ* de Rouault, un petit Poliakov, et *L'avenue de l'Opéra*, le récent cadeau de Chagall ; d'autres encore. Une grande lithographie du *Portrait de Jacqueline*, agrémentée de quelques paroles amicales de Picasso.

Il y avait dans l'entrée une lithographie de Miró dédicacée par le peintre, une autre de Braque, et une collection de katchinas [1] hopi, des objets de l'art populaire mexicain, des masques kanaga dogon à crinière surmontés d'une espèce de croix de Lorraine.

---

1. Poupées des Indiens Hopi, qui permettaient aux enfants de reconnaître les esprits.

À toutes ces merveilles, nous avons ajouté nos aquarelles du Madubani, qui ont été accrochées tout le long des deux étages de l'escalier, entre les fenêtres garnies de rideaux d'un rouge orangé lumineux et les casques de Nouvelle-Calédonie creusés dans des tiges de fougères arborescentes.

Au pied de l'escalier une statue dogon et, à gauche de la cheminée du bureau, une longue sculpture composée de deux jambes fines surmontées d'une tête à double visage, Janus dogon que lui avait donné le président Léopold Sédar Senghor, en 1966, à l'issue de l'inauguration du musée d'Art nègre à Dakar.

On avait placé sur des piédestaux, de part et d'autre du canapé du bureau, deux casques-antilopes sénoufo. Un soir, Gogo et moi, d'humeur particulièrement gaie, avons coiffé ces casques cornus et exécuté pour André une danse nègre de notre façon. Le comique était certain, car il a été pris d'un rire incoercible au point que les larmes coulaient sur ses joues.

Le salon était dédié aux sculptures gréco-bouddhiques. Sur la cheminée un bodhisattva, comparable au *Génie aux fleurs* du musée Guimet, était assis dans sa grâce paisible. Nous avons fait placer des petites consoles à droite et à gauche des hauts miroirs du salon pour y poser trois têtes de bouddhas et une tête d'Alexandre, toutes quatre admirables.

Une sculpture, dont les deux profils n'étaient pas identiques, avait mené André Malraux à une démarche singulière. Pour pouvoir les admirer tous les deux en même temps et les comparer, il avait fait scier la tête en deux, le long de l'arête du nez. Ensuite, les deux demi-têtes avaient été montées verticalement sur des plaques de marbre noir. Elles se regardaient, posées sur des tables, noires elles aussi, qui se faisaient pendant à droite et à gauche de la cheminée.

André Malraux a demandé à un ancien éclairagiste du musée du Louvre de poser les lampes nécessaires. Les petits faisceaux de lumière à l'origine invisible soulignaient merveilleusement la sereine beauté des sculptures. En l'absence de tout autre éclairage, ils les projetaient dans un monde d'un onirisme saisissant.

Le salon bleu n'abritait plus ni passion ni tourment.

André était content de changer le paysage de la maison, d'en faire enfin le sien, le nôtre. Pourtant, il avait voulu que Louise demeure dans cette pièce et n'avait pas remplacé les tentures bleues et blanches qu'elle avait choisies. J'avais acheté deux vases cylindriques, très ordinaires, qui semblaient en porcelaine blanche, pour y installer de grands bouquets de delphiniums artificiels. André a demandé à notre artiste, Gogo, de peindre sur chacun d'eux le fameux trèfle surmontant l'initiale L. Une belle photographie de Louise par Cecil Beaton était placée sur une petite table près de la cheminée.

Son souvenir ne dressait nulle barrière entre nous. Nous l'avions aimée tous les deux, son esprit apaisé hantait les lieux où nous vivions, cela nous convenait tout à fait. Nous parlions d'elle avec facilité et sans émotion. André était beaucoup plus heureux avec moi qu'avec elle. Le drame, c'était la tragique brutalité de sa mort, pas son absence. De nous deux, je crois bien que c'est moi qui la regrettais le plus.

La situation sentimentale d'André était simple. Du moins, je la ressentais ainsi.

La tête d'obsidienne

Pablo Picasso est mort ce printemps-là et sa succession a posé de très gros problèmes. Le peintre avait voulu que sa collection de tableaux anciens soit léguée à l'État. Sa femme, Jacqueline, s'efforçait de remplir ce souhait, mais la réalisation d'un tel projet était d'une grande complexité administrative. Ne sachant à quel saint se vouer, elle a téléphoné à André Malraux qui a pris, exceptionnellement, la communication :

— J'ai besoin de vos conseils. Vous pouvez venir me voir ?

— Oui, je viendrai jeudi.

Le 24 mai 1973, en fin de matinée, il s'est envolé pour aller voir Jacqueline Picasso à Notre-Dame-de-Vie, sa demeure à Mougins. À huit heures, le même soir, je l'attendais à Orly.

— Alors ?

— Jacqueline m'a emmené dans une grande salle en contrebas, et j'ai vu les sculptures de Picasso.

Il ne m'a pas parlé du miracle que cette visite avait accompli en lui, mais, dès le lendemain, rangeant *Lazare* dans un tiroir, il écrivait :

168

[...] Derrière les fenêtres à la lumière de soupirail, des ombres confuses de statues, en silhouette sur le jour pourtant radieux, au-delà d'un foisonnement immobile et inextricable de bronze, de pierre, de plâtre, de matières vernies, que Le chat *doré, queue en l'air, garde à mes pieds. Au-dessous, le même grouillement, plus grand et continu, comme un étage noble sous un rang de mansardes. [...] Je sais bien que ce sont les sculptures de Picasso ; et je les avais vues, en désordre, lorsqu'on les avait apportées au Petit Palais. [...] Elles venaient de la vie, comme si Picasso allait demain en créer d'autres. Alors qu'ici, la mêlée de leurs formes vient d'une mort véhémente, dont la sorcellerie susciterait cette multitude de Jugement dernier, qui lui appartient plus qu'à la terre.*

Comme j'allais chez Gallimard, à quelques jours de là, André m'a dit :

— Dites à Beuret que je sais enfin ce que je pense de l'art moderne.

J'ai transmis le message. Albert en a été bouleversé :

— C'était sa quête depuis que je le connais.

Ce livre a été écrit d'affilée, en quelques mois. Il s'est intitulé *La tête d'obsidienne.*

Florence venait presque toutes les semaines à Verrières, en ce temps-là, parfois avec son mari. André parlait alors de cinéma, professionnellement, brillamment. Il demandait à Resnais des détails sur le film qu'il tournait, sur les progrès de la technique et sur ses éventuels projets. Puis on passait à la littérature : que lisait sa fille ? Au fond, leur rapport le plus vrai reposait sur la littérature. Celle des autres, surtout, car il parlait moins à Florence de son œuvre en cours depuis qu'il m'avait comme lecteur-cobaye. Pourtant, un jour que nous déjeunions tous les trois — c'était plus tard, à l'époque de *L'homme précaire* —, il a dit :

— Je voudrais bien que quelqu'un jette un œil sur ce que je suis en train d'écrire...

Et, se tournant vers Florence :

— Tu pourrais faire l'affaire.

Nous avons passé quelques heures à Nice, au début de juillet, pour assister à l'inauguration du *Message biblique* de Chagall. La voiture nous emportait trop vite, à la suite des motards, le long de la promenade des Anglais encombrée des vacanciers, à travers le jardin Albert-Iᵉʳ et la belle place Masséna. J'aurais voulu regarder plus longtemps scintiller la mer de mon enfance, respirer plus longtemps la brise qui balançait les grandes palmes ombrageant les plates-bandes de cannas rouges et d'œillets d'Inde.

Les tableaux rassemblés à Cimiez sont empreints d'une spiritualité qui s'étend tout au long de la Bible, jusqu'au Christ en croix. J'ai dit à Chagall mon émotion, et mon étonnement.

— La passion de Jésus, oui, c'est important. J'ai peint plusieurs Crucifixions.

L'exposition
à la fondation Maeght

La semaine suivante, précisément le vendredi 13, nous atterrissions de nouveau à Nice. C'était le jour de l'ouverture de l'exposition «André Malraux et le musée imaginaire», à la fondation Maeght à Saint-Paul-de-Vence. Midi. Il faisait un temps superbe. La chaleur écrasait tout, les senteurs du romarin et de la lavande imprégnaient l'air surchauffé.

Les Maeght habitaient une grande et belle maison au fond de la propriété où s'élèvent les bâtiments de la fondation. Ils avaient fait construire à mi-chemin entre les deux un petit bungalow très confortable : deux chambres à coucher et un grand salon. Aux murs, des Bram Van Velde. C'est là que l'on nous a installés et que notre déjeuner nous a été servi.

Après la sieste, Maeght, Malraux, Chagall, Caillois... et moi !, accompagnés d'une horde de journalistes, sommes allés visiter cette exposition sans égale. Assez rapidement, car André Malraux donnait une conférence de presse à quatre heures.

Pendant ce temps, je me suis promenée, j'ai regardé, de loin, l'arrivée d'un nombre incalculable de gens dans leurs vêtements élégants. Ils piétinaient parmi les stabiles de Miró, impatients, déjà fatigués peut-être... Ludmilla Tcherina, tout en blanc. Moi, dans l'ombre fraîche de notre maisonnette, j'attendais André, tranquillement.

Il est arrivé, pas trop fatigué ; ça s'était bien passé. Il a bu du thé glacé, il s'est changé. Mais pas question de traîner, car les portes devaient s'ouvrir à cinq heures.

Ce fut, sans contredit, la plus intéressante exposition jamais réalisée. Son fil conducteur était l'art dans l'imaginaire de chacun ; c'est dire que nulle frontière, nul siècle n'opposait sa limite aux rapprochements les plus inattendus. Des centaines de milliers de personnes l'ont visitée, son catalogue a inondé le monde, les écrits sur ce sujet abondent.

André Malraux en parle dans *La tête d'obsidienne* :

> *Construite pour les œuvres d'art, cette fondation abrite le musée imaginaire de la survie comme les cathédrales recèlent le surnaturel. Fut-elle élue de toute éternité pour piéger, dans ses beaux édifices entourés de géraniums, de diables de Miró et d'oliviers qui frémissent dans la chaleur prodigue, le «monde de l'art» de la fin de notre siècle ? C'est ici qu'on aura enfin entendu des arts historiques parler avec la même voix que les arts sans histoire. Avec la voix de la métamorphose, notre fugitive immortalité. Les nuages passent au-dessus des toits en pagode.*

Et il a dit aux journalistes :

> *Vous avez ici trois œuvres d'une importance légendaire : la* Pénélope *emportée de l'Acropole par Darius et retrouvée à Persépolis, elle symbolisa la Grèce captive jusqu'à la bataille de Salamine. Le portrait de Takanobu du début du*

172

XIIIᵉ siècle, venant du temple de Jingo-ji de Tokyo, et jamais encore sorti du Japon. Enfin L'hommage aux Espagnols morts pour la France, *peint par Picasso en 1947. Avec ces trois Fratellini, vous avez déjà, messieurs, beaucoup à dire.*

Le *Shigemori* de Takanobu, le plus célèbre rouleau japonais prêté là pour la première fois, était arrivé, accompagné de son conservateur personnel qui l'a suspendu dans une petite pièce exclusivement réservée à ce chef-d'œuvre. Le soir, le conservateur le roulait dans son étui et, certains jours, il ne le montrait pas du tout. À l'aide d'instruments de précision, tout au long de la journée, il mesurait la température, l'intensité de la lumière et l'hygrométrie de l'air, interdisant l'entrée des visiteurs si une aiguille avait varié, ne fût-ce qu'un peu.

Aimé Maeght avait invité une vingtaine de personnes à dîner à Mougins, dont Vava et Marc Chagall, Roger Caillois, ma tante Betty[1]... Aimé avait placé le héros de la fête en face de lui et moi, à sa droite.

Malraux a pris la parole. Il improvisait :

> *Nous devinons la veillée de tous ces yeux nocturnes qui nous entourent dans l'ombre. Je me souviens du temps où j'écrivais :* «*Dans le soir où dessine encore Rembrandt, toutes les Ombres illustres, et celles des dessinateurs des cavernes, suivent du regard la main hésitante qui prépare leur nouvelle survie ou leur nouveau sommeil.*»
>
> *Nous avons tous conscience, cette nuit, de cette immense présence, autour du grand pouvoir menacé que vous symbolisez encore, Chagall...*

---

1. Elizabeth de Vilmorin, seconde femme — et veuve — du frère aîné de mon père, Henry. Elle habitait Vence et était une amie des Maeght.

Et en ce temps, où l'une des plus hautes aventures de l'humanité chancelle peut-être, au moins en Occident, j'écoute l'invocation des caravaniers mongols perdus dans le Gobi : «Et, si cette nuit est une nuit du destin —, bénédiction sur elle jusqu'à l'apparition de l'aurore!»

Le samedi matin, la voiture de Jacqueline Picasso est venue nous chercher dès neuf heures trente. Nous sommes allés la rejoindre à Notre-Dame-de-Vie, où j'ai pu voir à mon tour les sculptures qui avaient déclenché chez André Malraux l'avalanche de pensées et de réflexions dont il était encore empli.

Pour que Jacqueline se croie en promenade lorsqu'elle se baignait, Picasso avait peint sur le mur de la salle de bains une pelouse semée de buissons avec quelques chaises de jardin dans l'allée. Des brassées de glaïeuls étaient plongées dans des seaux de zinc, à même le sol, dans le vestibule, sur le palier, au pied du lit.

De Mougins, nous nous rendions pour déjeuner à Vauvenargues, le petit château de Provence qu'avait acheté Pablo Picasso, et où il est enterré. Il ne fallait pas tarder. Jacqueline a dit à sa femme de charge, son ange gardien :

— Dépêche-toi, Garance. Il est temps de prendre la route.

La route qui, au mois d'avril précédent, dans la neige inhabituelle, avait emporté le cercueil de Pablo Picasso.

À droite et à gauche, les pans verticaux des montagnes de Provence. Les nuages bas cachent la Sainte-Victoire de Cézanne. Dans la vallée, au-dessous de moi, le château cubique et ses quatre tourelles plates aux pointes rognées. Vertical, séparé de tout par son piédestal rocheux, c'est un tombeau.

174

[...]

C'est un peu le mausolée du Cid, mais il serait alors plus altier, ressemblerait davantage aux tours du palais des Papes ; c'est plutôt celui de don Quichotte [...].

Au retour, nous avons traversé le village de Varage. C'est là que ma petite sœur Claire avait été enterrée, en juin 1940, dans la fosse commune.

Les « tarots »

De retour à Verrières, André a repris la rédaction de *La tête d'obsidienne*, assidûment. Seule Florence est venue déjeuner avec nous en cette fin de juillet, pour que nous lui racontions l'exposition. Ce qui fut fait. Mais nous n'en avions pas fini avec le Midi. Il fallait aller voir les peintures de Picasso exposées au palais des Papes. Deux cents toiles, deux cents « tarots », comme il les appelait. Nous avons pris le train pour Avignon.

C'était l'époque du festival, la ville était pleine de monde, de jeunes, surtout, assis en grappes au milieu des places et dans les jardins, la musette et la guitare à l'épaule, attendant l'heure du prochain spectacle.

Nous habitions le Prieuré à Villeneuve-lès-Avignon. Le matin, André m'a dit :

— Allez regarder la Vierge d'ivoire, dans la sacristie de l'église. Après, nous irons au musée municipal.

Musée municipal éclatant du *Couronnement de la Vierge* d'Enguerrand Carton et de la célèbre *Pietà*.

Au-dessus d'une des portes du palais des Papes, une *sinopia*[1] de Simone Martini. Dans des salles immenses,

1. Dans la peinture à fresque, dessin préparatoire exécuté avec un pigment minéral rouge sur une première couche de mortier.

176

tout en pierre, les « tarots » de Picasso, qu'André Malraux scrutait plus qu'il ne les regardait. Il ne s'agissait pas pour lui de s'arrêter devant l'une ou l'autre des toiles importantes d'un musée, mais bien d'approfondir sa réflexion sur cette façon-là de peindre. Il l'a écrit, dès le lendemain :

> *Ces « tarots » semblent dire : comment pourrait-on représenter un homme qui serait autrement ? et proclament qu'ils ne le représentent pas. [...] Quand un peintre a-t-il combattu avec un tel acharnement la peinture, et sans doute lui-même ?*

Nous avons déjeuné chez Hiély-Lucullus. J'aimais énormément me trouver au restaurant seule avec André Malraux, parce qu'il était toujours reconnu par quelqu'un que j'intriguais, et qui, sûrement, m'enviait. Moi, je me recroquevillais dans mon cocon de bonheur. J'étais l'inconnue, aimante, aimée. Je me demandais pourquoi ma compagnie plaisait tant à cet homme remarquable. En vérité, je ne l'ennuyais pas parce qu'il savait qu'il m'intéressait.

En nous rendant au palais pour revoir l'exposition, nous avons traversé une cour transformée en théâtre de plein air. Un journaliste qui traînait par là a bondi sur la proie inespérée. André s'est laissé photographier avec bonne grâce. Il s'est même assis sur les gradins, très satisfait de cette mini-interview impromptue.

Cette belle journée ne s'est pas bien terminée. Nous sommes arrivés devant la gare. Le chauffeur est sorti de la voiture et a ouvert la porte d'André qui, pour se hisser hors de son siège, a saisi de la main droite le montant séparant les deux portières ouvertes. C'est alors que le chauffeur a claqué la portière avant. André s'est raidi. Il n'a pas crié, il n'a même pas grogné, il a dit d'une voix sans timbre :

— Ma main.

C'est moi qui ai crié :

— Ouvrez la portière !

Par chance, l'infortuné chauffeur a tout de suite compris.

Le voyage de retour a été silencieux et triste, car André avait très mal et son majeur enflait visiblement. Nous sommes arrivés à Verrières à minuit. Il a fallu attendre le lendemain pour faire faire une radio, qui a montré que l'os n'était heureusement que fendu, et non cassé. Une simple attelle suffirait à immobiliser le doigt pendant trois ou quatre semaines, pour réparer le malheur.

Sans une plainte, le blessé s'est habitué à écrire avec un doigt raide. Il n'a pas dit :

— Il me fait un mal de chien, ce doigt ! Quelle barbe de ne pas pouvoir le plier ! Ce crétin de chauffeur n'aurait pas pu faire attention !

Des réflexions idiotes et négatives de ce genre ne lui échappaient jamais.

André Malraux cherchait un titre pour son livre. Non : il voulait intituler son livre *La tête d'obsidienne*, et il lui fallait justifier ce titre par son écrit :

> *Visitant le Musée national de Mexico, à peine achevé, avec le dernier ambassadeur de la République espagnole, j'avais retrouvé le crâne précolombien d'obsidienne, que la fondation attend. Objet illustre, il est présenté seul dans une vitrine, devant un miroir qui unit à lui les visiteurs, comme des miroirs encastrés à la place des dieux hindous unissent les fidèles au sacré.*

178

[...]

La Fécondité de l'archipel [les Cyclades] *et le crâne mexicain se rejoignent dans le miroir où passaient au-dessus de l'obsidienne les nuages sans mémoire...*

Comme je savais qu'il avait imaginé ce texte, je l'ai questionné. Il m'a dit simplement :

— Ça n'existe pas, c'est vrai. Au musée de Mexico, il y a des têtes de ce genre, mais qui ne sont pas entièrement en obsidienne. Peu importe.

Lorsque, plus tard, des spécialistes se sont étonnés de ne pas avoir trouvé au musée — ni à la fondation Maeght — la tête à laquelle l'auteur faisait référence, il leur a répondu de façon évasive...

Philippe et François
de Saint Cheron

Le film qui avait été tourné pendant le voyage d'André Malraux dans le sous-continent indien a été projeté à la télévision, au cours du mois de juillet 1973, en deux volets : *5 000 ans de civilisation indienne* et *Bangladesh : an I.*

Deux écoliers, Philippe et François de Saint Cheron, qui avaient alors dix-sept ans et quatorze ans, ont regardé ces émissions.

Je laisse parler François : «Nous ne savions rien d'André Malraux. C'était seulement un nom, nous n'avions jamais rien lu de lui. Mais devant le spectacle des grandes étapes de son voyage, et en entendant sa voix — et particulièrement le discours prononcé à l'université de Rajhahi —, nous avons été fascinés par la grandeur de cet homme Cette voix nous a semblé absolument unique.»

De ce jour-là est née en ces jeunes gens une passion inextinguible. Ils se sont immergés dans la lecture des écrits d'André Malraux et ont formé le projet de le rencontrer. Plus qu'un projet, c'était une détermination. Mais comment faire ? Leur méthode a consisté à imposer leur image à l'inconscient de leur héros.

180

Ils se sont alors tenus au courant de tous les déplacements publics d'André Malraux et se sont arrangés pour se trouver sur les lieux. Allait-il à Versailles témoigner au procès de Jean Kay ou était-il l'invité du «Journal inattendu» à Radio Luxembourg? Sur le trottoir l'attendaient Philippe et François de Saint Cheron. Quand il déjeunait chez Lasserre, à sa sortie du restaurant, presque toujours, Philippe et François de Saint Cheron étaient là. Cent fois, au fil des mois, leurs visages se sont présentés à André Malraux, au point de lui devenir familiers. Il a fini par adresser un geste à ces adolescents qu'il croyait connaître, et, un beau jour, il leur a tendu la main.

Alors, ils ont osé me téléphoner. Ils m'ont raconté leur admiration pour André Malraux et fait part de leur désir forcené de le rencontrer. Étant l'incarnation de la porte fermée du grand homme, j'ai dit non. Mais rien ne pouvait décourager leur opiniâtreté. À quelque temps de là, ils m'ont appelée à nouveau, pour me demander de les recevoir, moi-même. Je les trouvais sympathiques, j'ai cédé.

Ils sont venus à Verrières, ils ont été exquis. Bien élevés, discrets, et fascinants par l'intérêt qu'ils portaient à tout ce que je leur disais, à tout ce que je leur montrais. Ce fut le début d'une affection qui dure encore. Leurs visites étaient désormais assez fréquentes. Mes enfants habitaient le Petit Verrières, et j'ai invité une ou deux fois Philippe et François à y passer le week-end; mais plutôt que de jouer aux boules avec elles ou de réviser leur baccalauréat, ils allaient rôder près de la fenêtre du bureau d'André Malraux pour le voir, de dos, à sa table de travail.

J'ai commencé, doucement, à parler à André de mes protégés, vantant leur désintéressement et leur honnêteté. Ils demandaient un entretien, mais avec appareil de photo et magnétophone, bien sûr! Il a fallu longtemps pour convaincre un André Malraux qui n'avait aucune raison de recevoir des inconnus, si ce n'était pour me faire plaisir. Et surtout deux frères, qui pourraient raviver en lui le souvenir de ses fils morts. Il a enfin accepté, et il a bien voulu être photographié avec ces jeunes gens, mais il a refusé que la conversation soit enregistrée. Le rendez-vous a été fixé au 1er avril 1975. Pour eux, jour de grâce et tremplin de leur profond intérêt pour la pensée de l'homme qu'ils admiraient sans réserve.

Leur second entretien officiel s'est déroulé en juin 1976, lors de la projection privée de «Florence», le premier des treize volets du *Journal de voyage* de Jean-Marie Drot. André Malraux les a invités à nous accompagner et ils ont conversé longuement.

Les autres rencontres ont été suscitées par ces garçons qui osaient s'imposer. Par exemple, quand nous sommes partis pour Haïti, au mois de décembre 1975, ils se sont trouvés à l'aéroport comme par hasard, et ils ont poussé le chariot de nos bagages en devisant, tout naturellement, avec André Malraux. Et, puisqu'il y avait une heure d'attente avant l'embarquement, ils se sont glissés à notre suite dans le salon des premières classes, poursuivant leur conversation, comme si de rien n'était! À vrai dire, j'avais demandé à André de leur permettre cette intrusion, car, au fond, il n'avait rien de mieux à faire à ce moment-là que de parler avec eux.

Je crois qu'il les tenait un peu pour des chats d'une autre espèce.

«Les petits Saint Cheron», comme nous disions, ont continué à appliquer le système qui leur avait si bien réussi : ils s'arrangeaient pour se trouver là au bon moment. Quand leur comportement frôlait l'indiscrétion, je les grondais — sans grand effet.

Je leur ai demandé de m'aider : ils ont classé et rangé, avec une patience et un art d'archivistes, des monceaux de photographies ou de paperasses précieuses. Je leur faisais des cadeaux.

À Créteil, ils sont venus m'apporter leur affectueuse sympathie.

Les Glières

Il y avait une ribambelle d'enfants à Verrières, avec lesquels André avait une relation assez lointaine, mais à qui il témoignait indulgence et gentillesse. Il ne les reconnaissait pas tous. Il y avait quand même «les Afghans», mes cousins aux cheveux longs; Marie, à cause du hamster; et la petite Hélène, qui à cinq ans lui disait :

— Monsieur le ministre, tu veux me faire un dessin?

Il lui dessinait un chat.

— Pourquoi tu fais toujours des chats? Je voudrais un renard.

Il lui dessinait un renard!

Mes enfants lui étaient familières, évidemment. Il écrivait même parfois des petits mots à Véronique, lorsqu'elle était pensionnaire en Allemagne — à Véronique, parce qu'elle était la plus jeune et qu'il la croyait encore une petite fille.

Une petite fille, ou l'élément «petitefille»? Il y avait chez André Malraux un phénomène intrigant. La «petitefille» était un concept qui l'attendrissait. C'était l'abstraction d'un être caressable, qu'il fallait choyer.

En tout cas, pour lui, «enfant» égalait petite fille, tout

184

comme «femme» égalait mère et infirmière. Il avait du mal à redresser ces idées-clichés et cela le menait à se tromper sur les gens. Sa perception des êtres ne passait pas par la psychologie, il utilisait un a priori intuitif qui le fourvoyait souvent.

Il voyait grandir mes filles. Pourtant, quand Claire et Véronique sont enfin revenues pour de bon, je lui ai annoncé :

— André, mes enfants sont arrivées ce matin.

Il a dit :

— C'est bien, les petites filles. Emmenez-les cet après-midi au Nain bleu ; il faut leur donner des ours en peluche.

— C'est-à-dire... En fait, elles aimeraient mieux que vous leur donniez des Mobylettes.

— Ah bon ?

Un arrêt, comme pour prendre le temps de quitter le rêve, et puis :

— Oui, bien sûr. Allez leur acheter des Mobylettes.

Je pensais que cette idéale «petitefille» était née du souvenir de sa propre enfant, sa fillette mal attifée mais émouvante par sa gravité, et que l'idéalisation avait été plus importante pour lui, pendant bien des années, que Florence elle-même.

À l'âge d'être grand-père, et vivant au sein d'une famille où les enfants étaient très présents, sa fille a paru reprendre en lui son importance réelle.

André allait bien, son doigt se recollait comme il faut, il écrivait du matin au soir et voyait très peu de gens. C'est sans angoisse que je suis partie pour Hambourg pendant deux jours assister à l'enterrement de mon beau-père. André savait bien que Miles y serait, mais il ne m'a pas fait la moindre objection. De toute façon, je voyais Miles

185

chaque fois qu'il était en Europe ; il est même venu à Verrières.

Une commémoration solennelle du maquis des Glières, en Haute-Savoie, allait être célébrée les deux premiers jours de septembre. Des affrontements sanglants avaient eu lieu là, en 1944, entre résistants et miliciens, entre résistants et Allemands. Ceux-ci, plus nombreux, avaient fini par exterminer leurs opposants, qui ont combattu, jusqu'au dernier, avec un héroïsme exemplaire.

On allait inaugurer le gigantesque *Monument à la mémoire des martyrs de la Résistance*, œuvre d'Émile Gilioli, qui avait été érigé dans la montagne sur le site même des combats. André Malraux devait faire le discours.

Nous sommes partis d'Annecy en automobile pour le plateau des Glières que nous avons atteint alors que le crépuscule précoce rougeoyait encore sur les monts. Un spectacle grandiose nous attendait. Quand la nuit fut complète, à droite et à gauche, lointaines, ont apparu deux longues files de porteurs de flambeaux, masquées un instant par un repli du terrain, resurgissant bientôt plus proches, jusqu'à se rejoindre sur le versant de la montagne, pour un lent ballet de flammes et d'ombres. La musique des chasseurs alpins retentissait d'écho en écho dans l'espace immense. Le *Chant des partisans* a empli l'air de sa mélopée lancinante.

Le lendemain, c'est en hélicoptère qu'André Malraux, le préfet Paul Cousseran et les personnalités de premier plan ont été emportés vers le plateau, tandis que je faisais la route en voiture, seule avec Maurice Herzog, beau, séduisant et courageux, aux pieds et aux mains cruellement mutilés par les glaces de l'Annapurna. Je n'étais pas

186

à mon aise avec lui. Je savais qu'il avait été FTP[1] dans la Résistance, mais je n'y connaissais rien, ce n'était pas un sujet de conversation pour moi. J'aurais aimé découvrir avec lui, derrière chaque lacet de la route, le nouveau paysage aux crêtes enneigées qui se présentait à nos yeux, mais comment parler de la montagne à cet homme-là ! Il me posait sur André Malraux des questions auxquelles je n'envisageais pas de répondre avec franchise, tandis que je pensais que, dans les sous-bois, les cyclamens étaient peut-être déjà en fleur à cette altitude. Il m'a ennuyée et m'a tenue pour une sotte.

Le monument en béton se dressait au milieu d'un large paysage à peine montueux, grand cercle posé entre deux ailes triangulaires, dont l'une, immense, pointait haut vers le ciel, oiseau héroïque. Et devant, tout petit, Malraux, dont les cheveux voltigeaient dans la brise fraîche. Une grande foule de fourmis était rassemblée à portée des micros ; il a pris la parole :

> *Lorsque Tom Morel eut été tué, le maquis des Glières exterminé ou dispersé, il se fit un grand silence. Les premiers maquisards français étaient tombés pour avoir combattu face à face les divisions allemandes avec leurs mains presque nues — non plus dans nos combats de la nuit, mais dans la clarté terrible de la neige. Et à travers ce silence, tous ceux qui nous aimaient encore, depuis le Canada jusqu'à l'Amérique latine, depuis la Grèce et l'Iran jusqu'aux îles du Pacifique, reconnurent que la France bâillonnée avait au moins retrouvé l'une de ses voix, puisqu'elle avait retrouvé la voix de la mort.*

1. Franc-tireur et partisan.

À la fin, l'émotion de tous, poignante, a fait taire les applaudissements. Le moment était religieux.

J'ai été invitée à redescendre à Annecy en hélicoptère et j'ai aimé me balancer dans les creux entre les crêtes, remonter pour franchir une aspérité, plonger en dansant jusqu'à la forêt, découvrir le lac scintillant. J'ai surtout aimé être près d'André, bouleversé comme nous l'étions tous, peut-être davantage, mais aussi fatigué de l'effort physique, du grand air et de l'altitude. Je me suis appuyée à lui, un peu. Il m'a jeté un coup d'œil, sans bouger la tête. Nous étions d'accord. D'accord sur la perfection de sa performance, d'accord sur le besoin qu'il avait de mon épaule.

Télévision, bibliothèque

André Malraux écrivait *La tête d'obsidienne* avec assiduité, au point d'avoir envie de rester à Verrières, le plus souvent possible. Il était très occupé, il ne manquait pas de compagnie, puisque j'étais là, et n'avait guère envie de rencontres. Mais il avait des idées intéressantes !

Un soir, il m'a abasourdie :

— La mode d'automne est sortie. Allez voir la collection de Chanel. Les tailleurs sont très bien.

Il a dit ça tout naturellement, comme si c'était normal. Pour moi, ce ne l'était pas du tout. L'élégance vestimentaire ne peuplait pas mes rêves. J'avais travaillé pendant des années chez Christian Dior et y avais vu des robes de toute beauté sans jamais avoir envie d'en porter une. L'élégance à ce niveau est un mode de vie qui ne me convient pas. Tout simplement, je manque de coquetterie. Un tailleur Chanel ! Je n'en demandais pas tant. Qu'on se rassure, je m'y suis faite ; mais, sur le moment, je n'ai pas répondu à la proposition d'André avec tout l'enthousiasme souhaitable. Je comprenais le plaisir qu'il se faisait, et surtout celui qu'il voulait me faire, mais j'ai tout de même soulevé quelques objections avant d'accepter son cadeau, son beau cadeau.

Je suis allée à la présentation de la collection de Chanel. Je me suis fait faire un tailleur de tons mélangés bruns et beiges, bordé d'un galon tête-de-nègre, avec un chemisier de soie framboise dont le col, large ruban, retombait en un gros nœud souple dans l'ouverture de la veste. Une fois le revirement psychologique accompli, j'étais extrêmement contente. André a applaudi à ma nouvelle apparence.

Dans l'ancien fumoir, à droite de la cheminée, le mur, très épais, avait été creusé assez profondément pour abriter une charmante fontaine en pierre, qui a été masquée par un panneau dans le cadre de la transformation de la pièce en bureau. La partie supérieure de l'excavation s'arrondissait en voûte un bon mètre plus haut. André a eu l'idée d'y encastrer un poste de télévision. Nous n'en avions pas eu jusque-là. Cette télévision a apporté un grand changement dans notre vie. Désormais, pendant le thé, nous préparions le programme de la soirée.

Quelles émissions André Malraux aimait-il regarder? D'abord les informations; puis, les débats littéraires — «Apostrophes» en tête — et les débats politiques; ensuite, les jeux télévisés du genre «La tête et les jambes» ou «La course au trésor»; après, les westerns; enfin les films tirés d'œuvres littéraires — ceux-là particulièrement lorsqu'il écrivait *L'homme précaire et la littérature*. Les films de cinéma «normaux» ne l'intéressaient pas. Si on projetait un vieux film de Dreyer ou d'Eisenstein, il croyait avoir envie de le revoir, mais, en fait, il éteignait le poste au bout d'un quart d'heure.

Ces films, comme tout ce qu'il avait lu ou vu, étaient passés par le filtre de son intelligence. Il avait élaboré une vision personnelle de l'œuvre en question. Revoir la source n'avait plus d'importance. Il savait ce qu'il en pensait.

Il disait :

— Les gens croient que la télévision, c'est le cinéma à la maison, mais le cinéma n'est qu'une toute petite partie de ce qu'elle va nous apporter. On parle du câble : la télévision par câble transformera notre vie, comme elle bouleversera le système scolaire.

Cette dernière idée ne le quittera pas. Il la développera et en fera son argument de soutien à la campagne électorale de Jacques Chaban-Delmas, lors des élections présidentielles, quelques mois plus tard, sans grand bonheur.

On nous avait dit qu'il ne fallait pas avoir de lampe allumée en même temps que la télévision ; nous la regardions donc plongés dans l'obscurité complète, ce qui m'incitait à la somnolence. Je n'aimais pas beaucoup la télévision. Je préférais regarder des livres — et Dieu sait s'il y en avait ! Pour moi, les soirées fastes étaient celles où les programmes ne proposaient rien de convenable.

André possédait des centaines de livres, empilés dans son garde-meubles depuis qu'il avait quitté la Lanterne. Il m'a demandé, un jour d'automne, d'aller en chercher quelques cartons, car il voulait se mettre à les trier. Il a classé ces livres en plusieurs catégories : ceux qu'il voulait avoir à portée de la main ; ceux qu'il fallait garder mais qu'il n'avait pas besoin de voir quotidiennement ; ceux que l'on donnerait, et ceux qui pouvaient être jetés.

Le petit nombre et l'exiguïté des bibliothèques de la maison me posaient un gros problème de rangement. Nos chers propriétaires ont bien voulu mettre à la disposition d'André Malraux une petite pièce située derrière la cuisine, dans laquelle je voulais faire poser des rayonnages — sur tous les murs et du sol au plafond. Mais les travaux de notre installation n'étaient pas finis, mes rayonnages viendraient après, m'a-t-on dit, et nous avons commencé le tri.

Alors, les soirs où la télévision demeurait masquée par la belle lithographie de Braque, *L'oiseau noir sur papier journal,* qu'Aimé Maeght avait donnée à André Malraux tout exprès, j'apportais un carton, espérant qu'il contiendrait des livres d'art; à l'ouverture, c'était la surprise. André reconnaissait instantanément tous les livres et décidait très rapidement du sort qui leur serait fait. Mais il y avait ceux qu'il avait envie de me montrer. C'était ça, le délice.

Assis côte à côte sur le canapé grenat, nous regardions les œuvres de Masaccio, il tournait les pages, il m'expliquait les images, il racontait. Et puis, c'était Giotto, Manet, Breughel, Poussin ou Goya, au hasard de notre pêche, et aussi les sculptures chinoises, le Borobudur et le Mexique. Ça n'en finissait pas, c'était le paradis!

Après, je remettais dans des cartons dûment annotés les livres à garder et les livres à donner, et j'allais au garde-meubles faire un échange de cargaison.

André m'indiquait dans quel ordre je devais ranger les livres qu'il voulait avoir dans les nouvelles bibliothèques de son bureau; ça, au moins c'était facile. Mais les autres! J'ai installé la collection de la Pléiade, par siècles, dans tous les coins possibles : sur le radiateur au pied de l'escalier, dans le «coulbi», dans la bibliothèque de mon bureau... il y en avait partout.

André dessinait sur son bloc des «dyables» et des chats, parfois un chien, un renard ou même un panda, mais je ne le savais pas portraitiste! Pour son travail, il consultait des ouvrages consacrés à Picasso, illustrés de photographies du peintre. D'après ces photos, il a esquissé à trois reprises le visage de Pablo Picasso. J'ai trouvé dans la corbeille à papier ces ébauches qui ne l'avaient pas satisfait.

193

Je lui ai dit que je les avais récupérées et il a été d'accord pour que je les fasse encadrer, mais il n'a pas voulu les signer.

André Malraux avait des gestes très précis, mais qui ne lui servaient pas à des actions pratiques. Il ne savait pas conduire, il me demandait de lui boutonner le col de sa chemise, et à Terzo de tailler son crayon ou d'ouvrir le tube de colle qu'il avait revissé de travers. Un jour, je lui ai dit :

— C'est drôle que vous, un homme de guerre, ne sachiez pas vous servir efficacement de vos mains. Il fallait quand même que vous démontiez et que vous nettoyiez vos armes de temps en temps, non ?

— Bien sûr, mais il y a toujours eu quelqu'un pour s'en charger à ma place, sans même que je le lui demande.

J'ai ri, mais je n'ai pas été étonnée, car il est vrai qu'on avait envie de faire pour lui tout ce qui l'ennuyait ou lui posait un problème.

Vers la mi-décembre, André Malraux a enregistré, avec Pierre Dumayet et Walter Langlois[1], un film remarquable, en trois volets, à partir de ses propres écrits sur l'art : *La métamorphose du regard.*

C'était la fin de l'année 1973. Et *La tête d'obsidienne* était terminé.

1. Professeur américain, spécialiste d'André Malraux.

Lazare - *divers*

Mes trois filles, pensionnaires à Paris, rentraient à
Verrières le vendredi soir. Elles invitaient des amis, il y
avait aussi les cousins et les cousines, c'est dire qu'une jeu-
nesse nombreuse envahissait mon bureau-salon pendant les
fins de semaine. On jouait aux cartes, on parlait, on s'amu-
sait. Il est arrivé quelquefois qu'André Malraux vienne
s'asseoir avec nous un moment. J'entendais :
— Tic, tic, tic, menu bout.
Un petit temps.
— Quel est ce tapage?
— Nous jouons au bridge — à un bridge bavard.
— Dites à Terzo de monter le thé chez vous.

Vieira da Silva allait faire le portrait d'André Malraux
pour le livre de Guy Suarès, *Celui qui vient*. Elle avait dit :
— Venez déjeuner chez nous — son mari était le
peintre Arpad Szenes. André Malraux n'aura pas besoin
de poser; mais il faut que je le regarde pendant assez longtemps. Après je pourrai faire son portrait, de mémoire.

La correction des épreuves de *La tête d'obsidienne* à peine terminée, André Malraux a sorti de son tiroir le manuscrit de *Lazare*, resté en suspens depuis de longs mois, et s'est remis à écrire :

> *Roquebrune, le bruit des petits sabots de mon fils dans le jardin aux arbres de Judée en fleur (et je pensais que j'entendrais ainsi les battements de mon cœur quand je mourrais).*

Comment pouvait-il passer ainsi, sans transition, d'une longue réflexion sur l'art moderne à une interrogation aussi poignante sur la douleur humaine ? C'est qu'il maîtrisait sa pensée de manière souveraine. Il avait d'ailleurs fait la démarche inverse l'année précédente.

En s'appuyant sur *La tête d'obsidienne*, Jean-Marie Drot a enregistré un long dialogue avec Malraux à propos de l'œuvre de Picasso. Cette intéressante émission, présentée par Jacqueline Baudrier, a été diffusée à la télévision quelques jours après la parution de l'ouvrage.

Mes rapports avec Albert Beuret et sa timide, précise et souriante collaboratrice, Jacqueline Blanchard, étaient de plus en plus fréquents. Quand j'arrivais chez Gallimard, porteuse de quelque chapitre, j'entrais dans le bureau d'Albert. Il me parlait des inquiétudes qu'il avait eues et de son bonheur devant la résurrection littéraire de son vieil ami, à laquelle il avait failli ne pas croire ; il me plaisait qu'il pense que je n'y étais pas étrangère. Il me racontait toujours des souvenirs du temps passé avec André, soit de la guerre, soit du ministère ; toujours, il me disait son admiration pour lui. Il me donnait ensuite des nouvelles du volume de « L'Univers des formes » à paraître, ou

196

des épreuves, me confiait des planches d'illustrations à remettre à André. Et il me montrait la belle courbe des ventes de *La tête d'obsidienne.*

Le revenu de ces bonnes ventes tombait à point nommé, car la situation financière d'André Malraux était précaire. Il n'aimait pas l'argent et n'en avait jamais sur lui, mais il savait bien qu'il lui en fallait beaucoup : il versait une pension à ses deux femmes, il devait payer le loyer de Verrières, les domestiques, les travaux... et il avait des projets de dépenses ! Il était donc rassurant que son livre ait un grand succès.

Bientôt il m'a dit :

— N'oubliez pas d'aller chez Chanel voir la collection de printemps. Il est temps que vous vous occupiez d'un nouveau tailleur.

Je l'ai choisi chiné, bleu pâle et blanc, d'un blanc presque argenté. La jupe, à larges plis, me venait au-dessus du genou. La mode était très courte cette année-là.

Les événements plaisants se succédaient.

La Fondation japonaise et le journal *Asahi,* ensemble, ont invité André Malraux à faire un séjour au Japon, au mois de mai.

Ce fut une époque très active. André Malraux avait énormément de travail. Il écrivait *Lazare,* mais il était aussi l'invité du «Journal inattendu» de Julien Besançon, à RTL, il déjeunait avec Balthus et recevait l'ambassadeur du Japon. José Bergamin, de passage en France, est venu à Verrières pour un entretien télévisé. Le président de la République, Georges Pompidou, est mort ; André Malraux s'est rendu à la messe dite pour lui à Notre-Dame. Il y a eu l'intermède malheureux du soutien à la campagne électorale de Jacques Chaban-Delmas pour le premier tour des élections. Il fallait s'occuper des affaires de l'institut Charles-de-Gaulle avec Pierre Lefranc, et aussi commencer à rédiger les discours et conférences que le Japon attendait de lui. Inlassable, il faisait tout.

Les Resnais tournaient *Stavisky*, mais Florence s'échappait et venait échanger les nouvelles, très intéressantes de part et d'autre. Quand elle n'avait pas le temps d'aller jusqu'à Verrières, nous déjeunions tous les quatre au restaurant. Elle était rassurée de voir son père engagé dans la poursuite de *Lazare*, la littérature passant évidemment avant tout.

Et puis, ma belle-sœur Irène, qui s'était remariée à la fin de l'été précédent, a pris la décision de donner en location sa maison, dite le Petit Verrières. J'en ai parlé à André :

— Irène loue le Petit Verrières. Je suis triste. C'était la maison de mon frère, et maintenant des étrangers vont l'habiter.

— Pourquoi des étrangers ? Vos enfants ont une installation inconfortable, elles ne peuvent pas recevoir leurs amis. Et ça arrangera peut-être vos parents qu'elles ne passent pas tous leurs week-ends chez eux. Je vais louer la maison d'Irène pour elles. Vous pouvez aller lui en parler.

Quelle joie soudaine ! Quelle émotion d'être l'objet de tant de compréhension, de générosité et d'amour ! Jamais un plus beau cadeau ne m'a été fait.

Je me souviens ; je revis le bonheur de ce moment-là. Je revis tous mes moments de bonheur avec André, sans avoir le regret d'avoir manqué de me savoir heureuse au moment où je l'étais.

La vie de mes enfants a été transformée. Elles étaient enchantées, et un poids énorme m'était ôté, car il est vrai que, jusque-là, l'organisation avait été bancale, et lourde pour mes parents.

Le trépas n'était pas un sujet de conversation banni. Un soir, nous parlions d'un vieil ami de Louise qui venait de mourir, alors qu'il était en voyage à l'étranger. Sa femme avait eu beaucoup de problèmes pour rapatrier le corps de son mari, qu'elle tenait à enterrer chez eux. J'ai demandé à André :

— Et vous, où voulez-vous être enterré ?

— En mer.

C'était peut-être vrai, car un jour, pendant une croisière, il m'avait parlé de son grand-père : «Il ne croyait pas aux assurances et sa flotte, une vingtaine de morutiers, s'est perdue un beau jour au large du Labrador. C'était encore des bateaux à voiles, peut-être avec un moteur à vapeur auxiliaire. Et, quand un bateau à voiles se perd en mer, c'est plus tragique qu'un autre. Cette poésie est restée en moi. J'aime la mer. Plus que mes frères. Ils étaient trop jeunes. Mon père était déjà installé à Paris quand je suis né, mais j'ai encore connu mon grand-père. Mes frères, non. Il vivait en mauvais termes avec ma grand-mère, chacun dans une aile de la maison, comme à Verrières, et, le soir, chacun d'eux guettait le moment où l'autre éteindrait sa lumière, rivalisant pour voir quel était celui qui travaillerait le plus tard. Pendant ce temps, elle se mourait du cancer…»

J'ai dit :

— Oh ! Le Panthéon serait mieux.

Dans un souffle aspiré, à voix presque basse, il a répondu :

— Oui.

Voyage au Japon

La France n'avait pas de gouvernement. Depuis la mort de Georges Pompidou, le président du Sénat, Alain Poher, assurait l'intérim en attendant le second tour des élections. Or la France avait prêté *La Joconde* au Japon, précisément à ce moment-là. Puisque André Malraux s'y rendait aussi, on lui a demandé d'inaugurer son exposition au Musée national de Tokyo, en tant qu'ambassadeur extraordinaire.

Nous sommes partis pour le Japon, le 12 mai.

À Moscou, les passagers en transit ont été menés dans une salle d'attente aux parois de verre, par des policiers en armes — ou était-ce des soldats ? — qui sont restés devant la porte jusqu'à la fin de l'escale. L'animation de l'aérogare était médiocre, les gens parlaient à voix presque basse et l'on sentait bien la contrainte que faisait peser la présence des hommes à revolver. De là, nous nous sommes envolés vers Tokyo à travers la Sibérie.

À Paris, André m'avait dit :

— Allez vous balader du côté de la rue de Savoie. Il y a là une maison d'édition qui publie des guides de voyages très intéressants, pleins d'anecdotes et d'images. Ils ont un truc sur le Japon.

200

Ils avaient, en effet, un guide du Japon illustré, relié de toile rouge, qui correspondait exactement à ce que voulait André. Dans l'avion, je regardais ce livre et je suis tombée sur la légende de Sesshu, peintre japonais du XVe siècle. Elle disait à peu près, si mon souvenir est fidèle : « Quand Sesshu était enfant, il avait un jour gravement désobéi à son père. Pour le punir, celui-ci l'attacha à un poteau avec une corde. L'enfant entreprit alors de dessiner avec son orteil des souris dans le sable. Et ces souris étaient si ressemblantes qu'elles prirent vie ; elles grimpèrent le long du poteau et rongèrent la corde qui enserrait Sesshu. » Enchantée de cette histoire, j'ai passé le livre à André pour qu'il la lise. Il ne l'a pas trouvée anodine ; elle lui a donné à réfléchir au point qu'il a intitulé le second tome du *Miroir des limbes La corde et les souris*, avec, en épigraphe, cette adaptation de son cru :

Alors, l'Empereur inflexible condamna le Grand Peintre à être pendu.
Il ne serait soutenu que par ses deux gros orteils. Lorsqu'il serait fatigué...
Il se soutint d'un seul. De l'autre, il dessina des souris sur le sable.
Les souris étaient si bien dessinées qu'elles montèrent le long de son corps, rongèrent la corde.
Et comme l'Empereur inflexible avait dit qu'il viendrait quand le Grand Peintre fléchirait, celui-ci partit à petits pas.
Il emmena les souris.

Tout autrement qu'à Moscou, Haneda, l'aéroport de Tokyo, était animé d'une foule pépiante qui s'agitait en tous sens autour des longues files de passagers attendant leur tour pour franchir une douane pointilleuse. M. Ima, président de la Fondation japonaise pour les échanges culturels, M. Ena, personnalité importante de l'Asahi, et S.E. M. Hagiwara, qui avait été ambassadeur à Paris où il avait bien connu André Malraux, étaient là pour nous accueillir.

Nous sommes arrivés à l'hôtel Okura à l'heure du déjeuner. Dans nos chambres nous attendaient des kimonos — comme dans tous les hôtels au Japon —, des fleurs, des fruits et des pochettes d'allumettes d'un bleu assez sombre, ornées du nom «Marlaux» en lettres d'or. On a fait des excuses à André Malraux pour ce lapsus, en lui expliquant que, la prononciation japonaise de nos lettres «l» et «r» étant la même, l'imprimeur n'avait pas fait la différence! Ce grand hôtel international me rappelait nos paquebots de naguère. J'eus tôt fait de m'y reconnaître, de retrouver l'étage des différentes salles à manger et le coiffeur, de virevolter d'un ascenseur à l'autre. Pouvoir me repérer ne m'était pas indifférent, car au Japon, dès que l'on sort dans la rue, on est perdu!

L'interprète d'André Malraux était son ami Tadao Takemoto, le traducteur de ses œuvres, que j'avais rencontré plusieurs fois à Verrières. Il parlait un français irréprochable. Il ne nous a pas quittés de tout notre séjour dans son pays. Nous avons été continuellement escortés aussi de Takio Ena et d'un jeune journaliste de l'*Asahi*, précieux pour moi car il avait pour mission de veiller à notre confort : si je n'avais plus de film dans mon appareil photo, s'il me fallait un paquet de cigarettes, il m'en procurait aussitôt; il portait nos achats et se tenait à notre disposition. Nous nous déplacions dans deux automobiles. L'une transportait André Malraux, Tadao Takemoto et moi; l'autre, Takio Ena et notre sympathique factotum, Yuji Takahashi.

Le programme des trois semaines que nous devions passer au Japon avait été établi avec minutie, longtemps avant le départ. André avait volontiers accepté toutes les tâches «professionnelles» qui lui étaient demandées, tout en insistant pour qu'on lui ménage le temps d'aller chez les antiquaires et de visiter les musées et les temples qu'il voulait revoir et me montrer. Les Japonais avaient eu, en outre, l'excellente idée de demander à l'éminent japonologue, Bernard Frank, directeur de la Maison franco-japonaise à Tokyo, de leur conseiller des sites susceptibles d'intéresser leur invité. Celui-ci avait suggéré la cascade de Nachi, à Kumano, et le temple d'Isé. Toutes ces merveilles nous attendaient.

Le lendemain de notre arrivée, l'ambassadeur de France, François de Laboulaye, est venu chercher Malraux de bonne heure pour aller rendre visite au Premier ministre, Kakuei Tanaka, avant l'audience de Sa Majesté l'empereur. L'entretien au palais impérial a porté sur la peinture. Le Mikado en a profité pour parler du penchant de l'impératrice pour cet art, et il a montré à son visiteur une œuvre de son épouse représentant des grenouilles. André en a été charmé au point de me relater l'affaire — le côté grenouille lui plaisait —, et il a exalté le talent des femmes japonaises en racontant qu'à la fin du premier millénaire il n'y avait d'autre littérature au Japon que féminine.

J'étais très flattée d'être invitée à l'audience du prince impérial au palais Togu, l'après-midi. Je revois un immense parc, en pleine ville, clos d'un haut mur en pente dont le sommet penche vers l'intérieur, des bouleaux çà et là. Le sol n'en est pas au niveau de la rue, mais à mi-hauteur du mur. Les piétons y accèdent par des marches surmontées d'un portail. Lorsque nous sommes passés, une foule d'hommes attendait là. On m'a dit que de nombreux Japo-

nais venaient chaque jour proposer leurs bras et leur cœur
à l'entretien du domaine de l'empereur, sans autre rémunération que le repas de la mi-journée. Mais les Japonais
sont nombreux, et il en venait chaque matin bien plus qu'il
n'était possible d'en occuper, si grand que fût l'espace.
Aussi beaucoup d'entre eux patientaient-ils jusqu'à leur
déjeuner avant de s'en retourner. C'est dans la profondeur
de ce vaste jardin que s'élèvent les deux palais impériaux.

Le troisième soir, André Malraux a fait sa belle conférence sur «La métamorphose de l'art» :

> Ce qui unit vos temples à tous les sanctuaires sacrés, à
> ceux de l'Inde, à Sainte-Sophie de Constantinople, à nos
> cathédrales, à la Mosquée impériale d'Ispahan, c'est la
> création de lieux délivrés de l'apparence. Ce qui unit les pha-
> raons au Christ et aux cosmogonies, c'est la création de
> figures qui accordent les formes de la vie à la Vérité suprême
> qui les gouverne.

Les musées japonais ont ceci de singulier que peu
d'œuvres sont exposées et qu'elles sont souvent changées,
car les rouleaux, très fragiles, doivent rester protégés dans
leurs boîtes.

Nous voilà enfin au musée Nezu ! De confortables fauteuils nous attendaient et nous avons bu du thé vert dans
de tout petits bols en regardant des estampes et des lavis.
Mais c'est *La cascade de Nachi* qu'André Malraux était
venu voir. Cette peinture anonyme du XIVᵉ siècle est un
grand chef-d'œuvre qui l'intéressait particulièrement. Le
conservateur a demandé que l'on retire toutes les autres
peintures et, contre le mur blanc, avec des gestes religieux, il a déroulé pour nous le précieux rouleau de soie,
à côté de celui de Mou-k'i, *Huit vues de Msino-hsiang*. Je

pouvais sentir sous le front d'André Malraux les pensées bouillonner, s'assagir, s'ordonner enfin de façon cohérente, devenir siennes. Ce moment l'a certainement empli d'un vrai bonheur.

Dîner à l'ambassade de France : les fourchettes sont quand même bien commodes !

Après le déjeuner du lendemain, on nous a emmenés au théâtre voir un kabuki, étrange spectacle présentant des personnages aux yeux violemment maquillés de noir dans un visage complètement blanc, comme la nuque et le cou. Vêtus de somptueux costumes traditionnels, ces acteurs qui ressemblent à des poupées mécaniques et masquées exécutent les mouvements d'une danse raide et saccadée, bondissante parfois, par lesquels ils expriment avec un art très suggestif, et en poussant des sons gutturaux, la passion de l'amour ou de la guerre.

Le ministre de l'Éducation attendait Malraux à cinq heures au Musée national pour l'inauguration de *La Joconde*. Madeleine Hours, conservateur en chef du laboratoire de recherches des Musées de France, accompagnait notre célèbre *Monna Lisa*. André Malraux a pris la parole :

> [...] *Le regard, l'âme, la spiritualité, c'était l'art chrétien et Léonard avait trouvé cet illustre sourire pour le visage de la Vierge.*
>
> *En transfigurant par lui un visage profane, Léonard apportait à l'âme de la femme l'idéalisation que la Grèce avait apportée à ses traits.*
>
> *La mortelle au regard divin triomphe des déesses sans regard.*

Grand dîner, offert par le ministre. J'étais la seule femme, comme le veut l'usage. Intriguée, j'ai demandé à mon voisin ce que faisait son épouse tandis qu'il festoyait. Il m'a dit :

— Les choses ont bien changé. Dans le temps, les femmes restaient chez elles lorsque leur mari sortait. Aujourd'hui, elles se retrouvent pour passer la soirée entre amies.

Nous avons quitté la ville. Nos voitures se sont élancées vers la campagne japonaise pour nous mener à Hakone, hameau situé dans la plaine qui s'étend du pied du mont Fuji à la mer. À l'entrée du village se trouve le très agréable hôtel Fujiya où nous sommes descendus. Hakone est célèbre pour son musée de la sculpture en plein air. On nous avait dit que nous y verrions des œuvres des plus grands sculpteurs japonais, mais aussi de Brancusi, Giacometti et Miró, entre autres. Et puis, un incident est survenu qui a d'abord retardé cette visite et, finalement, l'a rendue impossible. Nous voilà en vacances. André et moi sommes allés nous promener pendant toute une heure, ce qui n'était jamais arrivé auparavant. Il aurait aimé que les cerisiers soient encore en fleur sur fond de Fuji-Yama, pour ressembler vraiment à une carte postale, mais avril était passé et le volcan noyé dans la brume. Il s'est consolé en voyant les azalées sauvages, par groupes de trois, de dix ou même davantage, qui illuminaient de pourpre et de mauve la verdure printanière du paysage onduleux.

Le soir, les messieurs ont parlé du Tokaido, le chemin qui menait d'Edo, l'ancienne Tokyo, à Kyoto en cinquante-trois étapes, immortalisé, au début du siècle dernier, par les estampes d'Hiroshige. À peu près à la même époque, Hokusai réalisait ses *Trente-six vues du mont Fuji*, dont la célèbre *Vague*. Nous nous trouvions au cœur de la région qui avait inspiré ces magnifiques artistes.

C'est un Japonais, Mikimoto, qui a trouvé le moyen d'inciter artificiellement les huîtres à produire des perles. Il a su sélectionner les plus aptes à cette production et en faire l'élevage. Depuis, ses perles de culture ont inondé le monde. Il possédait une toute petite île, reliée à la terre ferme par une digue, dans laquelle il pratiquait cet élevage, et que les touristes pouvaient visiter. Nous y avons vu des femmes en blouse blanche sauter dans la mer pour déposer ou aller chercher des paniers pleins d'huîtres. D'autres amenaient les mollusques à ouvrir leur coquille et, sans les blesser, glissaient avec de fines pinces un minuscule gravier sous la chair. André m'a dit :

— Pauvres bêtes ! On ne pourrait pas les laisser tranquilles !

Le train le plus rapide du monde, à l'époque, nous a portés à Kyoto. Kyoto, ville charmante, ville de temples et de jardins au creux des montagnes. Nous habitions l'hôtel Miyako. André a voulu aussitôt m'emmener au Ryoan-ji pour méditer au bord du jardin sec, sable semé de quinze pierres disposées de telle façon qu'on ne peut jamais les voir toutes à la fois.

La perfection avec laquelle le sable était ratissé rendait inconcevables des traces de pas, même de pattes d'oiseaux. Mais les pierres étaient d'accord avec les feuilles et les bêtes [1].

La matinée du lendemain était réservée au Musée national. Malraux avait demandé à voir, ensemble, le portrait de *Shigemori* et celui de *Yoritomo*, par Takanobu, deux

1. André Malraux, *Antimémoires*, Gallimard, 1967.

rouleaux qui n'avaient jamais été suspendus côte à côte et qui l'ont porté à une longue contemplation.

Il participait ensuite à un symposium organisé, à l'initiative de Takemoto, par la Fédération des associations de l'Unesco sur le thème «L'Asie et le Japon». Mais après cette rencontre, nous avons eu encore le temps d'aller visiter le Daitoku-ji.

J'ai vécu un moment d'une profonde douceur. André est entré le matin dans ma chambre, en kimono, alors que je prenais mon petit déjeuner. Après que j'eus quitté ses bras, il m'a dit :

— Et moi ?

J'ai fait apporter son plateau.

Il voulait simplement être seul avec moi, dans notre intimité, le temps d'une tartine.

Après la promenade dans le magnifique jardin du palais détaché de Katsura, André Malraux a demandé à aller au cimetière du monastère Honen-in, pour s'incliner sur la tombe de Kiyoshi Komatsu, le premier traducteur de ses œuvres et son ami. C'est Takio Ena qui a pensé à prévenir sa veuve. Elle était là aussi.

Nous avons visité le monastère Shugaku-in, et le lendemain, l'Inari-jinja ou temple des Renards, déjà sur le chemin de Nara.

Nous roulions en conversant, quand Tadao Takemoto a dit, incidemment :

— Nous approchons d'un village qui s'appelle Uji.

André l'a interrompu :

— Le village du thé ?

— Oui.

— Arrêtons-nous.

208

Il a poursuivi, pour moi :

— C'est un endroit épatant où les boutiques vendent toutes sortes de thé : du thé vert, des bonbons au thé, de la poudre de thé, de la pâte de thé, de la confiture de thé, je ne sais plus quoi encore, mais je m'étais arrêté là dans le temps. Allons-y.

Et nous voilà dans la rue. Entouré de son escorte, il regardait à droite. Préférant toujours me tenir à l'écart du groupe, je regardais les vitrines de gauche. Je passe la tête à l'intérieur d'une échoppe dont la porte était ouverte et la surprise me fait pousser un cri :

— Venez voir !

Au mur, la photo d'André Malraux.

Il était entré chez ces boutiquiers en 1958, et ils avaient été photographiés ensemble. La joie a été générale, la grand-mère de ce temps-là est venue nous servir du thé, on a fait de nouvelles photographies.

Nara est le joyau du Japon. Les temples, Todai-ji, Kasuga-jinja, Toshodai-ji, sont envahis par les étrangers et par les écoliers, tous en uniforme. Les fameuses biches y sont gavées des biscuits vendus par milliers aux touristes. André Malraux connaissait bien l'Horyu-ji, le temple incendié :

> Au Japon, j'ai vu le temple de Nara lorsque ses murs étaient couverts des plus célèbres fresques de l'Asie — Bouddha grenat, princes à tiares et à mains de lotus — et les ai retrouvés, blancs comme des yeux d'aveugle, autour de ses piliers carbonisés [1].

Il a été émerveillé de le voir dans son intégrité reconquise par une copie minutieuse et inégalable des fresques et des architectures endommagées.

1. *Ibid.*

Nous sommes allés chez un antiquaire. Assis, un bol de thé à la main, nous avons regardé les objets qui nous étaient présentés un à un. Il y a treize cents ans, à la période des *kofun*, on sculptait des figurines de terre cuite appelées *haniwa*, représentant des oiseaux, des guerriers, des chevaux et bien d'autres sujets, conçues pour recevoir un pieu dans leur partie inférieure et pouvoir ainsi être plantées autour des tombes. L'antiquaire nous a montré une belle colombe de ce temps-là. André a demandé à Tadao Takemoto de se renseigner sur le prix... qui était élevé. Il m'a dit :

— Ça fait beaucoup, mais achetons-la quand même. Regardez sa forme, elle n'a pas un angle.

Deux jours plus tard, nous partions pour la péninsule de Kii et les monts du Kumano, «terre sainte par excellence où la tradition situait la tombe de la déesse-mère[1]».

Qu'il était délicieux de rouler à travers cette région montagneuse! Je ne reconnaissais pas la végétation, sauf les petits érables aux feuilles rouges très découpées qui foisonnaient sur les versants les plus humides, et les camphriers au feuillage pâle parmi les sombres cyprès, mais je me laissais charmer par la beauté du paysage. Dans les champs s'alignaient en haies parallèles des buissons très bien taillés, qui ressemblaient de loin à nos buis, mais plus élevés. J'ai demandé ce que c'était.

— C'est du thé, m'a répondu Tadao Takemoto.

— J'aimerais aller voir de près.

Oui... mais le champ au bord duquel les voitures s'étaient arrêtées n'était pas assez beau pour les regards d'une noble étrangère! Nos messieurs japonais ont tenu un concilia-

1. Bernard Frank, «À la source de la cascade», *La Nouvelle Revue française*, n° 295, juillet 1977.

bule agreste et décidé de nous mener vers une vallée où se déployaient de magnifiques cultures de thé que j'ai pu regarder à loisir.

Nous nous sommes purifié les doigts à l'eau claire avant de monter au sanctuaire shintoïste de Shingû où se dresse un arbre de nagi sacré, planté par Shigemori lui-même. Plus tard, en descendant vers la baie de Katsura, nous avons atteint une auberge de montagne, au lieu dit Yunomine. De tous les moments étonnants que j'ai vécus au Japon, celui-là fut le plus extraordinaire, car cette auberge était presque parodique à force de conformité aux images et aux récits. Elle était tenue par une famille animée de courbettes souriantes. La grand-mère, le jeune ménage, les enfants, tous semblaient fiers de nous avoir pour hôtes. Que leur avait-on expliqué ? Qu'avaient-ils compris ? En tout cas, ils avaient donné congé à leurs clients et réservé l'hôtel entier pour notre petit groupe. On aurait pu croire alors que chacun de nous disposerait d'une suite, mais il n'en fut rien.

André et moi avons été menés à une grande chambre entièrement vide. Le sol en était recouvert de tatami, un paravent décoré de bambous, d'oiseaux et de jeunes femmes assises sur leurs talons au pied d'un arbre en fleur masquait à peine un renfoncement dans le mur. Au fond de cette alcôve était suspendu un *kakemono*[1], reproduction d'un lavis zen, devant lequel un vase au long col méditait de son unique camélia. Les vitres des fenêtres étaient en papier translucide. Des parois amovibles dressaient çà et là leurs petits bois encadrant des carreaux, en papier eux aussi.

La salle de bains surprenait. Y avait-il des robinets

1. Rouleau.

211

déverseurs d'eau courante ou bien de grands brocs d'eau fumante étaient-ils posés près de la cuvette en bois? Je ne le sais plus. La baignoire, bac en bois, profond et exigu suggérait que l'on s'y plongeât debout; deux marches y accédaient... que nous n'avons pas gravies.

Notre contentement était immense. André Malraux, dégagé de toute obligation, était ravi du pittoresque de la soirée et s'amusait de mon plaisir. On nous avait recommandé: «Pour le dîner, kimonos et pieds nus.» Et nous voilà, tous enrobés identiquement de blanc ondé de bleu, assis en tailleur sur le tatami de la salle à manger, devant un assortiment de coupelles offrant à nos malhabiles baguettes des mets délicats et indescriptibles.

À l'hôtel, André et moi occupions toujours des appartements séparés — sauf à Yunomine! Nous sommes montés à notre grande chambre. Là, en plein milieu, deux couches avaient été étendues à même le sol, l'une près de l'autre.

On arrive à la cascade de Nachi par de nombreuses marches, à travers la forêt. En bas s'élève un petit *torii*[1] rouge. Divine, la cascade est temple du divin par elle-même, en l'absence de tout autre sanctuaire.

Bernard Frank a écrit:

> [...] *À Nachi, il* [André Malraux] *s'abîmerait en contemplation devant la sublime cascade qui, glissant le long de sa dossière de roc, semble tomber droit du ciel et parfois, au contraire, tant s'élèvent aériens les bouillonnements de sa base, monter du sol vers la hauteur*[2].

1. Portique précédant l'entrée des temples shintoïstes.
2. *Op. cit.*

Il s'est véritablement abîmé en contemplation devant la sublime cascade, longuement.

Après un arrêt au sanctuaire de Hongu-Taisha à la toiture d'une superbe courbure, nous avons poursuivi notre voyage jusqu'à Isé, où s'élève le plus grand temple du shintoïsme. Détruit tous les vingt ans, il est reconstruit tous les vingt ans, quelques pas plus loin, au milieu de grands arbres. André Malraux écrit dans les *Antimémoires* :

> *Le temple shinto n'a pas de passé, puisqu'on le reconstruit tous les vingt ans ; mais il n'est pas moderne, puisqu'il copie son prédécesseur depuis au moins quinze siècles. Dans les temples bouddhiques, le Japon aime son passé. Le shinto en est vainqueur : il est l'éternité conquise de main d'homme [...].*
> *Or, malgré son dessin dépouillé de lame, malgré les poutres barbares de son toit, il n'est pas un temple, il perd sa vie lorsqu'on le sépare des arbres : il est le sanctuaire et l'autel de sa cathédrale de pins géants.*
> *[...] Nos architectes ont rêvé leurs cathédrales comme des pierres d'éternité, ceux d'Isé ont rêvé la leur comme le plus grandiose des nuages. Et cet éphémère parle d'éternité plus puissamment que les cathédrales, que les Pyramides. Par la rigueur de la note unique, non par l'orchestre.*

Pour clore ces quelques jours inoubliables, nous avons passé la nuit au sein d'une montagne, en pleine mer. L'île rocheuse de Kashiko-jima est entièrement occupée par l'hôtel Urashima qui creuse dans la pierre une termitière de tunnels, de grottes, de galeries, de vastes salles. Ce lieu parfaitement fantasmagorique offre le confort moderne le plus raffiné. J'ai eu la stupéfaction de voir André entrer chez moi, en kimono, à la fin de l'après-midi, qui m'a dit :

— Je vais prendre un bain de vapeur.

Je l'ai accompagné de corridors en ascenseurs jusqu'à la porte des bains, qu'il a franchie en compagnie de quelques touristes américains !

Nous avons pris le train à Nagoya pour revenir à Tokyo.

C'est Tadao Takemoto qui a parlé à André Malraux de Sazo Idemitsu. Ce magnat du pétrole, un vieux monsieur passionné d'art, avait créé son propre musée qui recelait, non seulement d'importants lavis zen de Sengai, mais surtout de très nombreuses céramiques sino-japonaises d'une qualité inestimable. En outre, Sazo Idemitsu s'intéressait beaucoup à l'art occidental du XXe siècle, notamment à Rouault et à Sam Francis.

Il possédait des collections de toute beauté et souhaitait recevoir André Malraux pour les lui présenter.

Nous avons déjeuné chez lui le lendemain de notre retour à Tokyo, dans son musée situé tout en haut de l'immeuble qui abrite les activités de la Compagnie Idemitsu du pétrole et le Théâtre impérial. Les croisées du salon où nous avons été reçus offraient un panorama infini ; au premier plan, les jardins impériaux. Sazo Idemitsu avait voulu placer le cadre de sa vie professionnelle et de son musée non loin du domaine sacré de l'empereur, en raison de l'immense respect qu'il lui portait. La table où nous déjeunions avait été taillée dans la souche d'un cyprès du Japon deux fois millénaire, comme en témoignaient ses innombrables cernes. J'avais l'honneur d'être placée à gauche de notre hôte. André Malraux était à sa droite ; Tadao Takemoto traduisait leur dialogue.

Le soir du 31 mai 1974, le dernier de notre séjour au Japon, un grand banquet d'adieu à l'hôte de marque, André Malraux, nous a retenus longuement parmi tous ceux qui avaient initié, animé et entouré notre merveilleux séjour

214

Au matin, les bagages. Penser à Verrières, c'était renouer avec une réalité perdue depuis des semaines.

Quand on a franchi, au-dessus de l'océan Pacifique, la ligne où naît et meurt le jour, il est impossible de calculer, à l'escale d'Anchorage, les chiffres du temps occidental. Et quand les pendules nous assènent leur vérité, on a encore de la difficulté à comprendre comment les heures peuvent se jouer ainsi de nous.

Dans l'avion, j'ai dit :

— André, j'ai aimé ce voyage. Merci.

Il a pressé son épaule contre la mienne.

J'ai enfin pu terminer la lecture de *Pays de neige*[1].

1. Kawabata, Albin Michel, 1960.

Sophie et André

Il n'est pas dans mon caractère de me mettre sur le devant de la scène, et c'est ce livre qui me fait sortir de l'ombre. J'aurais pu, depuis plus de vingt ans, cultiver la place que j'ai tenue dans la vie d'André Malraux, accepter d'inaugurer des lycées et des expositions, présider un centre dédié à la diffusion de sa pensée, être membre d'associations, faire des conférences, des voyages, m'imposer comme sa cinquième femme... L'idée ne m'en est pas venue. Beaucoup me l'ont évidemment soufflée, mais elle me paraissait tout à fait saugrenue.

Moi, j'étais en bateau avec André Malraux sur le lac de Kaptai. Cela me suffit. Les spécialistes s'occupent très bien du reste.

J'ai passé au moins cinq heures seule avec lui, chaque jour, pendant six années. Et il m'a parlé tout le temps ! Il savait bien qu'il ne parlait qu'à moi et que je serais incapable de redire ce que j'avais entendu, de donner à comprendre ce qu'il m'avait enseigné. Il n'attendait sûrement pas cela de moi, car il savait aussi que je ressentais les choses, mais que je n'en pensais rien. À l'inverse, les sentiments qu'il pouvait éprouver l'intéressaient peu. Son domaine, c'était

216

le jeu complexe et formidable de l'intelligence. Aussi, ce qu'il voulait dire aux autres, il le leur a écrit.

Pourquoi notre ménage était-il si harmonieux?

D'abord, parce que j'étais fondamentalement une femme puisque j'étais mère, ce qui pour lui impliquait l'amour et la protection de tous les êtres. De surcroît, je dominais les situations pratiques, qualité échue à la femme pour le confort et la sauvegarde de l'homme. Il disait :

— Pendant que les hommes sont aux champs, les femmes s'occupent des bêtes...

Et aussi :

— Comment Simone de Beauvoir se permet-elle de parler des femmes, alors qu'elle a refusé d'être mère? Elle ne connaît pas la question.

André Malraux était en manque maternel profond. Sinon, eût-il parlé comme il le faisait? Ce manque s'imposait à moi comme une évidence, et mon bonheur a été de le combler un peu.

Tout avare de confidences qu'il ait été, il m'est tout de même arrivé de lui arracher quelques souvenirs, et en particulier celui-ci.

Un soir en sortant du lycée, il s'était précipité au théâtre pour voir jouer *Marion Delorme*. Emporté par Victor Hugo, il avait oublié l'heure et était rentré chez lui en retard. Sa mère, très fâchée, lui dit : «Où étais-tu? — Au théâtre. J'ai vu *Marion Delorme*. Écoute comme c'est beau.»

— Et je lui ai débité toute la grande tirade d'Olivier dont j'avais retenu chaque mot.

J'interviens :

— Elle a dû être éblouie!

— Non, pas du tout. Elle m'a donné une paire de claques.

Par son apparence et son comportement, une femme devait faire honneur à son époux — j'use de ce mot à dessein, pour indiquer non un état légal, mais la façon d'être d'André Malraux —, et je ne m'en tirais pas mal. Son rôle à lui était de gagner l'argent du ménage ; le mien, de tenir la maison et de le valoriser par mon élégance.

La marquise de Choiseul, dans ses souvenirs du passage d'André Malraux à Bombay en 1974, raconte : « Sophie arborait une robe-chemisier longue de Chanel, à la taille étranglée par la fameuse ceinture dorée. Le tissu de lamé brun et or était une merveille de goût. Elle nous faisait grand honneur[1]. »

Honneur, gloire, célébrité, ces mots reviennent sans cesse. C'est vrai, André Malraux était assoiffé de ce qu'ils représentent — peut-être pour avoir été sevré, enfant, de la reconnaissance de sa petite personne. Peu importe. Il a pris sa revanche, qu'il a gagnée tout seul.

Lui faire honneur par ma conversation en société était moins simple. Je ne disais que des banalités, mais je ne faisais pas de gaffes ni de confidences intempestives, et je me taisais beaucoup. Ça pouvait aller.

Et pendant nos longues heures tête à tête ?

Par bonheur, dans les domaines qui occupaient André Malraux, je n'avais aucune idée personnelle. Je dis « par bonheur », car il n'avait pas envie d'une femme qui eût engagé une controverse, et il ne requérait pas d'émule. À l'époque, sa pensée avait atteint son apogée, il l'avait confrontée à celle des plus grands et elle ne pouvait plus être infléchie. Elle était.

---

1. *Voyage de Malraux en Inde*, Atelier graphique Saint-Jean, Albi, 1996.

Et moi, j'étais là pour tout entendre, tout engranger, tout oublier. Il avait entrepris de meubler mon esprit, et il me caressait dans le bon sens en me disant :

— Ne faites jamais semblant que vous avez lu un livre quand ce n'est pas vrai. De toutes les façons on ne peut pas tout lire. Il ne faut lire que ce dont on a envie. Le reste n'a pas d'importance.

J'ai beaucoup mis en pratique ce rassurant adage !

Il me montrait des peintures de Giotto et disait :

— Il est le premier dont les personnages ont un poids, voyez...

Et une autre fois :

— Comme vous savez, Giotto...

Mise en confiance, je n'hésitais plus :

— Non, j'ai oublié.

— Bon, reprenons. Giotto, l'homme de 1300. Masaccio, l'homme de 1400. Vous vous en souviendrez mieux comme ça.

J'ai fini par me souvenir de pas mal de choses.

Tant d'heures, tant de paroles entendues, tant d'oubli, tant de bonheur recommencé ! Sa patience n'avait pas de fin, ni mon enchantement, ni rien de ce qui était lui et moi. Nous étions heureux l'un avec l'autre.

Qu'eût-il raconté à une érudite ? à une indifférente ?

On pourrait dire qu'André Malraux était misogyne, au sens moderne de ce mot ; toute sa génération l'était, et mes parents aussi. Cela n'était pas pour me gêner. Certes, depuis quelques années, je menais une vie de femme libre — ou dois-je dire « libérée » ? —, mais je n'en étais satisfaite qu'à demi. J'avais été élevée pour devenir une femme selon le modèle qui convenait à André. Mon caractère, le manque d'argent et la rapide évolution des mœurs à laquelle je m'étais plus ou moins habituée m'avaient fait déroger à ce modèle, mais il ne m'était pas contraire. En réalité, je me retrouvais en sécurité dans mon moule d'origine.

Tout cela paraît simple, pourtant le caractère d'André Malraux ne l'était pas, et il m'a fallu bien du temps pour deviner ses états intérieurs et m'y adapter.

Il aimait la gaieté et les plaisanteries, les banalités même, mais pas longtemps ; il ne fallait pas passer les limites. Lorsqu'il était sombre et que la mort le questionnait trop durement, je me faisais transparente, tant que l'habitait son obsédante et tragique réflexion. J'avais aussi appris à ne jamais prononcer le nom d'aucun homme en relation avec moi. Si j'avais l'imprudence de lui rapporter le compliment qu'avait pu m'adresser mon voisin de table le soir précédent, son excessive jalousie le faisait aussitôt s'enfermer dans un mutisme furieux dont j'avais grand-peine à l'arracher. En revanche, si c'était Gogo ou toute autre qui lui racontait une telle histoire, il s'en amusait beaucoup.

Il ne faudrait pas penser que notre intimité me livrait Malraux complètement. Loin de là. Il était un homme formidablement secret et j'étais écartée de son passé, de sa vie intérieure et même de ses projets littéraires. À la Salpêtrière, il ne m'a pas raconté son expérience de la mort ; je l'ai découverte en dactylographiant le texte de *Lazare*. En revenant de chez Jacqueline Picasso, à Mougins, il ne m'a pas parlé de l'impact que la sculpture de Picasso avait eu sur sa pensée concernant l'art moderne. Il ne m'a pas dit non plus qu'il interrompait la rédaction de *Lazare* pour entreprendre un nouveau livre. Je me vois encore entrant en trombe dans son bureau, après avoir tapé les premiers feuillets de *La tête d'obsidienne* :

— Mais, André, qu'est-ce que c'est que ça ? Ça ne colle pas du tout avec le reste !

— Non, non. C'est autre chose...

Il ne se racontait pas, ne me répétait pas les conversations qu'il avait avec d'autres et voyait des gens que je n'ai jamais rencontrés.

Il ne m'appelait pas par mon prénom, sauf quand il ne pouvait s'en passer : sa grande pudeur lui interdisait de faire aussi ouvertement étalage de ses sentiments ! Florence n'échappait pas à cette retenue.

André Malraux avait toute une part de lui qui était différente, ailleurs, celle qui dépassait le commun. Sa grandeur était celle de l'intelligence ; elle le projetait très haut — me laissant loin derrière.

J'étais alors intimidée, triste et agacée. Mais je n'en laissais rien paraître, car je voulais éviter tout conflit. La détermination m'habitait de lui agrémenter la vie par ma bonne humeur constante. Il s'agissait aussi pour moi de le débarrasser autant que possible des obligations qui l'embêtaient et mangeaient son temps, pour qu'il puisse justement, en toute quiétude, déployer ce fameux génie.

Je m'acharnais à le protéger de tout ce qui l'aurait arraché inutilement à sa table à écrire. Au volant de sa DS je filais chez les encadreurs, les marchands de tapis, les antiquaires... Je rapportais des spécimens ou des photographies : il faisait ses achats sans quitter son bureau ! Il signait sans les lire tous les papiers que je lui présentais — sauf certaines lettres. Même les journalistes devaient passer par mon crible, dont je resserrais constamment les mailles.

Octobre 1976.

J'avais porté à Albert Beuret la fin du manuscrit de *L'homme précaire et la littérature*. Le lendemain j'ai trouvé André Malraux assis à sa table, les mains croisées. Ses crayons bien taillés et ses Bic bleu et rouge bordaient parallèlement son buvard, puis les ciseaux à papier, puis la colle. Rien n'avait été touché.

— Alors ?

— J'ai dit tout ce que j'avais à dire.

Je m'enorgueillis d'avoir permis à André Malraux de mener sa création littéraire à son achèvement. Il en a eu juste le temps. C'est moi qui le lui ai donné.

Hôtes de passage, paru en octobre 1975, est le dernier livre qu'André Malraux m'ait dédicacé.

Sa dédicace illustre le sentiment qu'il me portait — que nous nous portions.

HÔTES DE PASSAGE

Pour Sophie

tendrement

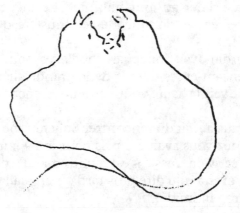

    Le chat de droite est bleu avec l'œil et les moustaches rouges, celui de gauche est rouge avec l'œil et les moustaches bleues.

Été 1974

À notre retour du Japon, tout le monde nous a fait fête.
André a retrouvé sa fille, j'ai retrouvé les miennes. Gogo
est venue dîner au jour habituel. Le docteur Bertagna a
repris ses visites dominicales et constaté que son patient
allait bien.

Le jardin avait foncé ses feuillages pour affronter l'été
commençant et les tilleuls de la grande allée avaient capitonné de vert la haute voûte de leurs branches entrecroisées.

Malraux aurait dû rencontrer Soljenitsyne, à ce moment-
là. Rendez-vous avait été pris pour le 29 juin, à Zurich. Et
puis, l'écrivain russe s'est contremandé pour raison de
santé. J'ai entendu dire plus tard qu'en réalité il avait craint
d'être trop intimidé.

Au mois de juillet, ma chère belle-mère, Inky von
Wuthenau, est venue à Paris avec sa sœur Margrete
Zanders. André m'a dit :

— Emmenez-les donc déjeuner chez Lasserre.

— Épatant ! merci. J'inviterai aussi mon frère Jean-
Baptiste et Véronique, si ça ne vous ennuie pas.

— Non, non. Parfait. Pendant ce temps, j'irai avec Ludmilla chez Taillevent.

Iolé Vietti m'a rendu son tablier. Elle avait été la femme de chambre et la cuisinière de Louise de Vilmorin pendant dix ou quinze ans et, depuis sa mort, était restée au service d'André Malraux. Cette femme travaillait de façon remarquable ; mais je n'étais pas une maîtresse de maison à son goût, car je n'avais ni le style ni l'autorité de ma tante. En plus, comme nous ne recevions jamais, elle s'ennuyait. Il a été décidé qu'elle prendrait ses vacances au mois d'août et ne reviendrait pas en septembre. Je cherchais donc à la remplacer.

Marie-Louise Saddier, professeur de philosophie dans un lycée de Toulouse et gaulliste convaincue, était une admiratrice inconditionnelle d'André Malraux. Autant que ses écrits, elle exaltait pour ses élèves son action dans la Résistance : ils connaissaient ses faits et gestes de cette période, son incarcération à la prison Saint-Michel à Toulouse et la création de la brigade Alsace-Lorraine. Cette merveilleuse pédagogue, chaleureuse, idéaliste et pure, s'occupait activement du Concours national de la Résistance qui avait lieu tous les ans depuis plus d'une décennie. En cette année du trentième anniversaire de la constitution de la brigade Alsace-Lorraine, elle avait imaginé d'emmener sa classe sur les lieux où avaient résisté les maquisards du Périgord, à Cendrieux, à Vergt, à Beaulieu, à Froideconche, à Durestal, pour fleurir les tombes des résistants tués là.

Il y a eu un échange de correspondance avec Malraux. Elle l'a rencontré à Verrières, le 10 juillet. Je l'ai accueillie et j'ai éprouvé aussitôt de la sympathie pour elle. En la raccompagnant à la porte, une heure plus tard, nous avons parlé avec tant de simplicité que j'ai pensé à lui demander si elle ne connaîtrait pas quelqu'un qui pourrait entrer à notre service en tant que cuisinière et femme de chambre. Elle m'a promis d'y réfléchir.

Et elle a tenu sa promesse. Quelques jours plus tard, elle m'annonçait par téléphone que Janine Monnier, qui habitait comme elle le village de Chalabre dans l'Aude, serait heureuse de pouvoir servir André Malraux. Janine n'avait jamais occupé d'emploi de domestique. Elle parlait l'occitan et se passionnait pour l'histoire des cathares, dont elle discutait avec André en servant le dîner. Elle était une femme simple et pratique, excellente couturière, égale d'humeur, qui nous a témoigné amitié et fidélité.

Mélanie est entrée en terminale. Ses performances philosophiques laissant à désirer, j'ai demandé conseil à Mme Saddier, qui m'a dit :

— Envoyez-la-moi pendant les vacances de Pâques.

Mélanie est allée à Chalabre. Marie-Louise Saddier lui a fait comprendre l'essentiel, et ma fille a passé son baccalauréat sans difficulté.

Est venu le tour de Claire, qui a subitement décidé de ne pas faire sa terminale à Notre-Dame-de-Sion ; mais l'année était presque terminée, il était trop tard pour l'inscrire dans une autre école. J'ai pris à nouveau conseil de Mme Saddier. Grâce à elle, Claire a été acceptée au lycée Toulouse-Lautrec à Toulouse, où elle a passé sa dernière année scolaire et très bien réussi son bachot.

Le général Billotte, maire de Créteil, a organisé une cérémonie commémorative en l'honneur de la brigade Alsace-Lorraine, le 5 octobre 1974. Il me plaît que le discours d'André Malraux ait été fondé sur l'initiative de la femme magnifique qu'est Marie-Louise Saddier.

Des enfants de Toulouse [...] sont allés cet été à Durestal voir ce que vous avez laissé de l'un des premiers maquis : des trous, une cabane en ruine, des tombes, sous la grande indifférence des arbres.

J'aurais voulu dire à ces enfants ce qu'en ce lieu même, j'ai voulu dire aux vôtres : «C'est une grande chose que de dire non quand on n'a rien pour le dire, pas même une voix.»

Nos compagnons n'ont fait que cela. Mais ils l'ont fait. Et leur voix de silence a été si forte que les enfants l'ont comprise. [...]

Les petites filles[1] et leur professeur avaient passé la nuit à coudre, et toutes nos tombes étaient fleuries de drapeaux enfantins.

Le professeur Hamburger qui avait été élu à l'Académie des sciences souhaitait beaucoup rencontrer André Malraux pour lui demander de prononcer un discours lors de la remise de son épée. L'intermédiaire parfait était l'ami commun, Louis Bertagna. Les trois messieurs ont déjeuné ensemble, dès le mois de juillet, et Malraux a accepté de prendre la parole le jour de la cérémonie, à la fin de l'année.

Une grande ardeur littéraire animait André Malraux. Non seulement il terminait *Lazare*, mais encore l'idée lui était venue de reprendre *L'irréel*.

Il avait publié, en 1958, *La métamorphose des dieux*, premier volet d'une trilogie sur la métaphysique de l'art, dont le deuxième, *L'irréel*, avait été écrit à la même époque. Depuis seize ans, ce manuscrit était resté en rade.

Il a alors débaptisé le premier volume pour l'intituler

---

1. Il s'agissait d'adolescentes, mais on retrouve ici la «petitefille», cf. p. 184.

227

Le surnaturel[1], et décidé d'écrire, dans la foulée, le troisième, qui devait devenir *L'intemporel*. Les trois ouvrages seraient réunis sous le titre général *La métamorphose des dieux*.

Tout l'été a été consacré à ces travaux. Peu de gens sont à Paris au creux mort du mois d'août. Nous n'allions pas en ville. Flo et Alain sont venus déjeuner deux ou trois fois; les après-midi ont vu paraître André Brincourt, Tadao Takemoto, pas plus; nous avons eu à dîner mon demi-frère Philippe-Victoire avec Tantandrée. Voilà à quoi se sont résumées nos mondanités.

Tantandrée descendait d'ailleurs chez nous tous les dimanches en fin d'après-midi. Elle s'intéressait beaucoup aux écrits d'André Malraux, mais ne comprenait pas toujours tout. Elle arrivait dans le bureau avec, à la main, le livre qu'elle était en train de lire frangé de languettes de papier marque-pages. Elle interrogeait André sur tout ce qui lui paraissait obscur. Il lui répondait longuement, avec plaisir.

Lazare et *L'irréel* ont paru en octobre de cette année-là.

---

1. Le premier titre de remplacement choisi avait été *L'inaccessible*.

Le prix Nehru - Bombay

L'Inde a décerné à André Malraux le prix Jawaharlal Nehru pour la Compréhension internationale, pour couronner son action en faveur du Bangladesh, trois ans auparavant, et nous avons été invités à passer deux semaines dans ce lointain et fabuleux pays. Le départ a été fixé au jeudi 14 novembre.

André était ennuyé. Il eût de beaucoup préféré ne pas être distingué par ce prix qu'il savait n'avoir pas réellement mérité. Certes, il recevait toujours à Verrières les Bengalis de passage, M. Qureshi, le président Chowdhury ou le ministre des Affaires étrangères, M. Hassein, mais avec mauvaise conscience. L'Histoire avait joué en sa faveur, en décembre 1971 ; le voyage de 1973 était tombé dans le passé ; il aurait aimé que toute l'affaire s'arrêtât là. Mais bon...

Ne s'accordant aucun répit, à peine ses deux derniers livres terminés, il avait commencé à écrire *Hôtes de passage*.

Ulcéré par la position discriminatoire de l'Unesco envers Israël, il a écrit à René Maheu, son directeur général sortant :

229

[...] Je me permets d'attirer votre attention sur l'étrange décision qui, en refusant d'inclure Israël dans une région déterminée du monde, lui interdirait de participer à toute activité régionale de l'Unesco.

Sachant que vous connaissez, comme moi, le chemin que risquerait d'ouvrir de telles décisions, je vous prie de croire [...] [1].

Coïncidence intéressante, l'Unesco est revenue sur son erreur le 23 novembre 1976 [2].

Les semaines ont filé comme le vent. Je préparais le voyage avec l'attaché d'ambassade M. Kathpalia.

Il avait été entendu que nous resterions peu de temps à Delhi, et que nous nous arrêterions à Udaipur sur la route de Bombay.

Nous avons retrouvé le somptueux Capitole de New Delhi et nos agréables habitudes de l'année précédente, mais pour trois jours seulement. La remise du prix par le président Fakhruddin Ali Ahmed et le Premier ministre Indira Gandhi s'est déroulée le lendemain de notre arrivée. Malraux a commencé son discours par ces paroles :

C'est avec un double sentiment que je reçois la distinction qu'a bien voulu m'accorder ce jury éminent, après des prédécesseurs parfois admirables.

Parce qu'il s'agit de la mémoire de Jawaharlal Nehru.

Parce que je reçois cet honneur de vos mains, madame le Premier ministre — de ces mains que j'ai vues à tant

1. Cette lettre a été publiée par *Le Figaro*.
2. Jour de la mort d'André Malraux.

230

d'occasions, et jusqu'aux événements du Bangladesh, défen-
dre presque seules, avec une exemplaire fermeté, les droits de
la faiblesse et du malheur.

Nous avons eu grand plaisir à revoir Jean-Daniel et
Rose Jurgensen. Ils ont donné pour André Malraux un
dîner à l'ambassade de France. Indira Gandhi était présente.

André avait hâte de quitter la capitale où il se sentait
dans une position fausse; nous sommes donc partis pour
Udaipur. Malheureusement, il n'y avait pas d'eau dans le
lac; notre palais-hôtel était fermé. Mais il faisait délicieux,
la chaleur était beaucoup moins pesante qu'à notre premier séjour. Nous avons passé le temps en promenades,
en emplettes, en lectures, en bavardages. Il me parlait
encore et encore du Trimurti d'Elephanta, des grottes
d'Ajanta et d'Ellora que nous allions bientôt voir et qu'il
se réjouissait de me montrer.

Le marahadjah nous a invités à prendre le thé. Mon souvenir est là un peu vague. Au-dessus de la ville, le palais se
dressait, vertical, au flanc de la colline. Il me semble qu'il
tenait plutôt de la place forte que du fastueux palais des
contes. C'était le repaire ancestral de terribles chasseurs.
Les murs des hautes salles étaient tapissés de peaux de
tigres. Dans les têtes empaillées à la gueule entrouverte, les
crocs des fauves luisaient vaguement.

Nous sommes arrivés à Bombay le vendredi.

« Pour la soirée, on avait mis à ma disposition l'ancien
bungalow du gouverneur, à la pointe de la presqu'île. Il
était triste comme toutes les maisons inhabitées au bord
du golfe », avait écrit Malraux dans les *Antimémoires*.

« Malraux et Sophie de Vilmorin s'installèrent dans
la petite maison de Nehru, située dans le parc du

gouverneur, à l'extrémité de la rade», a écrit Clotilde de Choiseul, dans son *Voyage de Malraux en Inde*[1].

C'était en réalité un charmant bungalow, accueillant et confortable, plein de fleurs. André l'a reconnu, ne l'a pas trouvé triste comme en 1958; mon humeur joyeuse y était pour quelque chose. Un serviteur tout en blanc défaisait déjà les bagages et nous apportait des boissons fraîches. Le golfe d'Oman brillait derrière la maison. Des oiseaux frôlaient l'eau, plongeaient, s'enlevaient vivement et planaient au-dessus des vagues. André a dit :

— Les goélands.

Les goélands d'Oman croiseraient jusqu'à la nuit[2].

Dès ce premier soir, le marquis de Choiseul[3] et son épouse ont donné un grand dîner en son honneur, avec nos hôtes, le gouverneur et sa femme, la bégum. Les Jurgensen sont venus tout exprès de Delhi.

Le lendemain, vêtue de la robe de chambre rose pâle, bellement brodée, que j'avais achetée à Delhi en compagnie de l'ambassadrice, je prenais le petit déjeuner avec André sur la terrasse de notre demeure. Le serviteur tout en blanc s'ingéniait à nous préparer des noix de coco fraîches dont il détachait la chair d'un habile mouvement du côté bombé de sa cuillère. En me servant, il s'est penché et m'a demandé à mi-voix :

— Vous êtes chrétiens?

— Mais oui.

— Moi aussi. Je viens de Goa. Vous y allez peut-être?

1. *Op. cit.*
2. *Antimémoires.*
3. Consul général de France.

232

J'étais tout étonnée. André m'a expliqué que le territoire de Goa avait été colonisé par les Portugais et évangélisé par saint François-Xavier au XVIe siècle. Il n'y avait pas très longtemps que l'Inde avait récupéré cette enclave catholique.

Le musée des miniatures a occupé la matinée. Le consul général et Mme de Choiseul étaient fascinés par les commentaires de Malraux, par son érudition et l'originalité de sa pensée. Ils l'ont été plus encore à Elephanta, où nous nous sommes rendus l'après-midi, dans la vedette rapide et confortable de M. Tata.

La vedette de Jay Tata — multimilliardaire, propriétaire de toutes les plus grandes industries du pays et admirateur d'André Malraux — nous attendait sous l'imposante «porte de l'Inde», arche monumentale construite par les Anglais au début du siècle.

Elephanta est une île au large de Bombay, une petite île animée d'un port de pêche et dominée par une masse rocheuse creusée de grottes et de cavernes. On y accède par un long escalier, encombré d'un monde bigarré de touristes et d'hindous. Comment arriver là-haut ? Les porteurs attendent avec leur véhicule, siège fixé entre deux brancards. L'un devant, l'autre derrière, rétablissant l'horizontalité par un miracle de robustesse, ces hommes efflanqués, plus nerveux que musclés, le visage impénétrable malgré l'effort, montent d'un pas égal les corps pesants de leurs clients jusqu'au sommet des marches interminables.

Il y a quinze siècles, des moines ont installé là leur couvent. Ils ont façonné la pierre des parois en statues, en hauts-reliefs, en bas-reliefs, en colonnes. Ils ont sculpté dans un rocher colossal le gigantesque Trimurti, la triple tête de Çiva.

Ces têtes, de cinq à six mètres, sont plus petites que celles du Bayon d'Angkor ; mais, colossales en comparaison des figures qui les entourent, elles emplissent la grotte comme le Pantocrator emplit les cathédrales byzantines de Sicile. [...] Il ne s'agit pas seulement de « l'une des plus belles statues de l'Inde », quelque sens que l'on donne au mot « belles ».

Il y a, dès le premier regard, un chef-d'œuvre de la sculpture. [...]

Ensuite, il y a Çiva, la caverne, le sacré. Comme celles de Moissac, cette figure appartient au domaine des grands symboles, et ce que le symbole exprime ne peut être exprimé que par lui. Ce masque aux yeux fermés sur la coulée du temps comme sur un chant funèbre[1]...

André aimait l'Inde. Il en connaissait tous les dieux, toutes les philosophies, toutes les expressions transcendantes. Il était atteint jusqu'au fond de lui-même par le langage que lui tenaient les sculptures d'Elephanta, et qu'il redisait, agrémenté de ses propres réflexions, à notre petit groupe passionné. Clotilde de Choiseul prenait des notes.

André s'est amusé à donner des bananes aux singes.

Le soleil se couchait quand nous sommes repartis ; la mer étincelait de ses rayons dorés qui faisaient resplendir au loin les grands bateaux de guerre ancrés dans la rade et les gratte-ciel de Bombay.

Nous avons rencontré M. Jay Tata à déjeuner chez les Choiseul, le lendemain. Tout le monde avait lu le récent *Lazare*, et la conversation a roulé, brillante, sur ce sujet.

L'après-midi, Malraux a été interviewé pour la télévision : « Ce qui m'a attiré vers l'Inde, dès l'âge de dix-huit

1. *Antimémoires.*

234

ans, ce n'était pas l'art, c'était la pensée. [...] Au fond, je suis arrivé à l'art indien à travers la pensée indienne. »

Jay Tata nous avait invités à dîner. Il habitait une maison basse, très simple, qui dominait la ville et d'où la vue s'étendait à l'infini, superbe.

C'est non plus un bateau, mais un avion qu'il nous a prêté le lendemain pour aller à Aurangabad, d'où l'on se rend à Ellora. Nous avons traversé une plaine piquetée de buissons, barrée au fond par une falaise déconcertante dans cette platitude pelée. Or elle est creusée de trente-deux grottes qui ont fait dire à André Malraux :

> *Temples, statues, bas-reliefs font partie de la montagne comme une efflorescence du divin. [...]*
>
> *Nulle part je n'avais éprouvé à ce point combien tout art sacré suppose que ceux auxquels il s'adresse tiennent pour assurée l'existence d'un secret du monde, que l'art transmet sans le dévoiler, et auquel il les fait participer. J'étais dans le jardin nocturne des grands rêves de l'Inde.*
>
> *[...] Les grottes d'Ellora règnent sur l'immense plaine galeuse et maudite qu'elles dominent [...]* [1].

Il s'agit d'un des lieux les plus prodigieux qui soit. Paysage désolé où les bouddhistes, les hindouistes, les jaïns ont sculpté, au fil des siècles, dans le cœur de la pierre, leurs temples peuplés de statues et de bas-reliefs inégalables. Le plus important des temples hindous est le Kailasa.

Je me souviens de Nehru et de sa montagne du Tibet : «Je ne verrai pas le Kailasa [2]*...»*

1. *Ibid.*
2. *Ibid.*

Pour André Malraux, il n'existait au monde rien de comparable.

Après la nuit passée à Aurangabad, nous sommes allés à Ajanta, dans un paysage plus accidenté, plus verdoyant. Dès le IIe siècle et pendant trois cents ans, des moines bouddhistes ont, certes, sculpté là des statues, mais ils ont surtout peint des fresques. Les murs des quelque vingt grottes qui trouent la roche présentent des peintures ravissantes, aux couleurs encore vives, représentant le Bouddha, dans des scènes familiales et gaies parfois. Il règne à Ajanta une douceur souriante et paisible.

Nous avons regagné notre maisonnette dans l'après-midi, pour y faire la sieste et nous préparer au grand dîner qui nous attendait au palais du gouverneur. Ce palais blanc, peu élevé et tout en colonnes, allonge plusieurs bâtiments dans une étroite presqu'île, entre des pelouses admirablement entretenues. André Malraux a été éblouissant.

Mercredi. C'était, hélas, notre dernière journée en Inde. Nous avions un projet amusant pour la fin de la matinée. Marion Pike était une amie de ma tante Louise, américaine, peintre et très agréable, que je connaissais depuis ma jeunesse ; André l'aimait bien. Elle séjournait alors à Bombay. Nous sommes donc allés bavarder pendant une heure avec elle, qu'il était drôle de retrouver en ce point du monde.

Et puis, nous voulions visiter la vieille ville de Bombay. Nous avons marché dans d'étroites ruelles et à travers de larges places, et vu des foules de gens misérables, vêtus de hardes colorées, qui déambulaient en tous sens. Beaucoup de marchands aussi. Une tour de Babel sans étages abrite le marché de l'argenterie. Là, toutes les échoppes, accolées les unes aux autres, proposent des objets en

236

argent, qui sont vendus… au poids. La rue des brocanteurs était bordée de boutiques dans lesquelles s'entassaient des meubles anglais et toutes sortes de reliefs de l'époque coloniale.

De là, nous sommes allés en voiture à la gare « qui est une ville à l'intérieur de la ville, où l'on pénètre en franchissant de grands bâtiments néo-gothiques. Notre voiture put aller sur les quais, où nous n'étions pas seuls… Le grouillement y est intense et le désordre indescriptible. […] En rentrant la voiture croisa le charmeur de serpent. Royal, superbement couronné d'un énorme turban, il portait au bras gauche le panier de son cobra, et tenait de la main droite une longue flûte. La mélodie était envoûtante[1] ».

Nous avons repris l'avion le soir même. Notre beau voyage était fini.

« Beau » n'est pas assez fort. Les quelques jours que Malraux a passés à Bombay en cet automne de 1974 l'ont comblé.

---

1. Clotilde de Choiseul, *op. cit.*

L'intemporel

Louis Bertagna a retrouvé son patient en très bon état. Florence est accourue pour entendre notre histoire. J'ai fêté les dix-huit ans de Mélanie. Nous nous sommes enfoncés dans une fin d'automne pluvieuse et fraîche. Les feuilles tombées des marronniers gisaient, trempées, dans les allées, me rappelant celles que nous foulions dans le jardin de la Salpêtrière, deux ans plus tôt.

En 1974, c'est une fille qui est sortie première de l'École polytechnique. Elle s'appelait Anne Chopinet. Elle est venue, un après-midi, rendre visite à André Malraux, qui était intéressé de voir à quoi ressemblait une femme à l'intelligence aussi masculine; il a été charmé de se trouver devant une jolie jeune fille, presque timide. Elle l'a invité à faire une conférence à Polytechnique au mois de février suivant, ce qu'il a accepté.

La remise au professeur Hamburger de son épée d'académicien a eu lieu à l'Interallié le 6 décembre :

Aucun historien n'aurait marqué son temps par ce qu'il lui révélait du passé, si ce passé n'avait confusément dessiné

238

l'avenir. La biologie hérite cette audience [celle de l'histoire], *car on attend d'elle qu'elle rende intelligible l'aventure de l'espèce. Elle fascine notre époque à la manière d'une nouvelle genèse, et elle est un anti-destin.*

Abandonnant un André compréhensif, je suis partie pour l'Allemagne avec mes enfants, passer les fêtes de Noël et du jour de l'an chez leur grand-mère. Il s'est consolé en invitant Ludmilla Tcherina à déjeuner !

Nous avons abordé l'année 1975.

Les anciens bâtiments de la société Vilmorin-Andrieux à Verrières étaient devenus propriété communale, et celui qui avait abrité la magnifique bibliothèque et le musée de notre maison de graines familiale avait été transformé en un centre socioculturel. La municipalité souhaitait baptiser ce centre du nom d'André Malraux, qui a donné son accord. Le jour de l'inauguration, il a pris la parole :

> *D'abord, soyez tous remerciés d'avoir eu l'attention de choisir mon nom pour le lier à tant d'autres qui me sont chers ici — entre autres au nom d'un héros*[1].
>
> *C'est par une journée à peu près semblable que de beaucoup plus grands hommes que moi sont venus inaugurer la première bibliothèque municipale de France. Il s'agissait de Renan et de Victor Hugo.*

L'hiver était là. Malraux écrivait *Hôtes de passage*. Mais il écrivait aussi le troisième volet de *La métamorphose des dieux*.

---

1. Honoré d'Estienne d'Orves, cousin germain de mon père. Il est enterré à Verrières, où sa famille possédait une propriété.

Cet *Intemporel* a été pour moi une belle aventure. Habituée comme je l'étais à lire et à entendre l'auteur, la difficulté du texte ne m'apparaissait pas. Je dactylographiais avec un profond plaisir :

> *Mais pourquoi faut-il attendre la fin de l'irréel, la naissance du musée imaginaire, si nous portons l'intemporel en nous ? Parce que c'est alors qu'il se lie aux arts plastiques et peut-être aux autres. Comme la peinture moderne, l'intemporel est un « reste ». Il devient lui-même lorsqu'il ne se dissout plus dans l'éternel ou dans l'irréel. De même que la marque de la précarité bouddhiste est la façon dont le bouddhiste regarde les créatures transitoires, de même que la marque de l'éternité chrétienne est la façon dont Saint Louis regarde la vie, la marque de l'intemporel est la mise en question du temps. Mais quelle civilisation avait mis le temps en question, sinon religieusement, avant la nôtre ?*

Je m'enchantais d'un rapprochement d'images saisissant entre un bodhisattva chinois et le « roi de Beauvais », entre un relief à personnages du Bénin et les rois mages de la cathédrale de Novgorod, œuvres que séparaient plusieurs siècles. C'était exaltant.

Ma position de commissionnaire dans la recherche des ouvrages de référence et de l'iconographie me plaisait beaucoup aussi. André savait exactement ce qu'il voulait, et il connaissait chacun de ses livres si bien classés dans notre petite pièce-bibliothèque. J'y allais, je trouvais, j'apportais les ouvrages. Mais il manquait toujours quelque chose, alors j'appelais la librairie Gallimard, je me renseignais, je commandais ce qu'il fallait, je courais le chercher. Surtout je communiquais beaucoup avec Albert Beuret qui recherchait les reproductions nécessaires à l'abondante illustration de l'ouvrage, découvrait l'introuvable, réunissait minutieusement les précieux documents. J'allais plus souvent qu'à l'accoutumée aux éditions Gallimard, heureuse de pouvoir rapporter à la maison l'image qu'André attendait justement.

Nous avons bien travaillé, André, Albert et moi, pendant toute cette année-là.

Hôtes de passage a paru au mois d'octobre. *L'intemporel* était sous presse quand nous sommes partis pour Haïti, le 20 décembre.

Malraux n'était pas englué à sa table à écrire. Les Choiseul étaient en France, nous avons déjeuné avec eux. Flo venait de plus en plus souvent. J'aimais qu'elle soit là parce que je voyais la familiarité grandir entre elle et son père. En plus, excepté Gogo, bien peu de gens de ma génération croisaient mon chemin. André avait de l'amitié pour Marie Bell. Déballée, raconteuse d'histoires inconvenantes, elle l'amusait. Nous déjeunions avec elle, aussi.

Louis Guilloux et André Malraux s'étaient rencontrés en 1928, chez Gallimard. Guilloux, écrivain de talent méconnu, doux et pauvre, quittait parfois la Bretagne pour revoir les quelques personnes qu'il connaissait encore à Paris, comme Andrée et Yves Jaigu. Nous nous sommes retrouvés tous les cinq pour le déjeuner.

L'Académie française souhaitait compter André Malraux parmi ses membres. On lui avait dit pour l'amadouer qu'il n'aurait pas de visite à faire, qu'il serait élu d'emblée. Mais Malraux n'envisageait pas une telle démarche. Victoria Ocampo, intellectuelle argentine qui avait beaucoup fait pour l'introduction de la littérature française dans son pays, où elle avait créé et dirigé la revue *Sur*, une ancienne amie d'André, a été chargée par ces messieurs de l'Académie de le convaincre d'accepter l'honneur qu'on voulait lui faire. En vain, certes. Mais André aimait bien Victoria, qui avait été très belle, m'a-t-il dit, et il l'a invitée plusieurs fois, pendant son séjour en France.

André Malraux ne voulait pas de l'Académie française, mais il avait grande envie du prix Nobel. Il savait que son gaullisme était un obstacle insurmontable. Pourtant, une année, on avait parlé de lui pour ce prix. Le jour où le nom du lauréat devait être annoncé, il déjeunait chez Garin et m'avait demandé de rester à Verrières près de la radio et du téléphone, pour l'appeler aussitôt, si ce nom était le sien. C'en fut un autre, et il en a été abominablement déçu.

De toutes les façons il n'était en concurrence avec personne. Il dominait, c'est tout. Aussi n'a-t-il jamais voulu entrer dans le jeu de la compétition électorale. Il a accepté d'être nommé ministre par le général de Gaulle ; il ne serait pas élu à l'Académie française — qui était, en tout cas, trop institutionnelle pour lui.

André aimait bien déjeuner avec Colette Fouchet, la femme du ministre Christian Fouchet. Nous étions allés chez eux, de temps en temps, dans les années passées. Mais Colette était maintenant veuve ; elle était jolie, avait de l'entregent et était décidée à plaire à André. Elle a très bien réussi. Il la trouvait séduisante et agréable.

En fait, il n'a pas eu énormément de visites, cette année-là, car il se préoccupait surtout de son travail. C'est-à-dire de ses livres, mais aussi d'un beau texte à propos de Michel-Ange :

L'imitation ne l'intéressait à aucun degré. Il était un démiurge, et il voulait faire des formes qui n'avaient jamais existé, et qui ne pouvaient exister que par l'art. Telle était

242

pour lui la fonction de la sculpture ; et hors de cette fonction, elle était à peu près sans importance.

[...] En fait, si nous voulons le comprendre, il faut dire : ce créateur de formes sans égal fut le plus grand poète de son temps, et le plus grand poète — à l'exception de Dante — qu'ait connu l'humanité chrétienne, au moment où il apparut. Et il en est tellement ainsi que, l'année de sa mort, la succession s'établira : naîtra Shakespeare[1].

Ou de la préparation du discours qu'il devait prononcer à Chartres au mois de mai.

Malraux a reçu la médaille d'or «Europe» pour la sauvegarde des monuments, qui lui a été décernée par un jury international. Elle était destinée à honorer les auteurs des réalisations les plus remarquables dans le domaine de la conservation du patrimoine architectural européen. La citation soulignait que «grâce à son action, André Malraux a[vait] su mettre en valeur de nombreux ensembles urbains, faisant ainsi école en Europe et dans le monde[2]».

Le ministre Malraux avait voulu que le MAAO, musée des Arts africains et océaniens, à la porte Dorée, devienne un musée d'art vivant, et non un musée ethnologique comme le musée de l'Homme. La responsabilité en avait été confiée à Marguerite Riottot, conservateur de haut niveau et femme charmante, qui n'avait pas cessé de tenir son ancien ministre au courant de ses achats. Apprenant qu'elle venait d'acquérir des « écorces australiennes», peintures sur écorce d'arbre, très primitives et d'un grand inté-

1. Au Louvre, pour la RAI, télévision italienne, le 15 avril 1975.
2. *Le Figaro*, 21 avril 1975.

rêt, André a eu envie d'aller les regarder — un mardi, bien sûr.

Luxe merveilleux, nous allions visiter les expositions le mardi, jour de fermeture des musées. Je me souviens de l'exposition Vuillard. C'était à la fin de la matinée, on a ouvert pour nous les portes de l'Orangerie, le gardien de service a salué son ministre de naguère en souriant. J'entends encore nos pas sur le parquet des salles désertes, et André Malraux :

— Ce n'est pas mal, mais ce n'est pas vraiment important.

Nous n'étions pas habituellement en ville à cette heure là, nous venions de passer un moment très plaisant, est-ce cela qui a porté André à la fantaisie ? Il m'a dit :

— Au lieu de rentrer à Verrières, je vous emmène chez Lasserre. Il est encore tôt, nous trouverons bien une table.

Chartres - Anecdotes

Une cérémonie commémorative pour le trentième anniversaire de la libération des camps de concentration nazis
s'est déroulée à Chartres, le 10 mai. Une belle messe sobre
dans sa solennité, célébrée par Mgr Michon, a réuni dans la
cathédrale un monde nombreux venu entourer les resca-
pées de Ravensbrück. Le soleil, à travers la grande rosace,
frappait de pierres précieuses les dalles de la nef centrale.
Le regard d'André voltigeait par moments vers les chapiteaux, et son doigt s'est pointé pour moi vers le plus beau
des vitraux, *Notre-Dame de la Belle Verrière*, dans le transept
de droite.

Un podium avait été élevé devant le portail royal.
Malraux a demandé à Geneviève de Gaulle [1] de prendre la
parole avant lui. Elle a improvisé :

Il y a trente ans, sur un quai de la gare de l'Est, le géné-
ral de Gaulle recevait les trois cents premières survivantes

---

1. Geneviève de Gaulle était présidente de l'Association des dépor-
tées et internées de la Résistance, et c'est elle qui était à l'origine de
cette commémoration.

de Ravensbrück. Aujourd'hui, vous êtes venues de toute la
France, mes camarades [...]
Sur ce parvis du portail royal, où vous ont précédées tant
de pèlerins émerveillés, vous allez entendre André Malraux...

Il s'est alors dressé, dominant la foule réunie sur la place
et, dans le grand silence, la voix célèbre a empli l'espace :

Il y eut le grand froid qui mord les prisonnières comme les
chiens policiers, la Baltique plombée au loin, et peut-être le
fond de la misère humaine. Sur l'immensité de la neige, il y
eut toutes ces taches rayées qui attendaient. Et maintenant il
ne reste que vous, poignée de la poussière battue par les vents
de la mort.
[...]
Les résistantes furent les joueuses d'un terrible jeu. Com-
battantes, non parce qu'elles maniaient des armes (elles l'ont
fait parfois) ; mais parce qu'elles étaient des volontaires
d'une atroce agonie. Ce n'est pas le bruit qui fait la guerre,
c'est la mort.

Avant le déjeuner à l'hôtel de ville, nous avons visité le
musée Jean-Moulin, qui se trouve là car ce résistant exemplaire avait été préfet de l'Eure-et-Loir au début de la
guerre.

Philippe de Saint Cheron, qui faisait justement son service militaire à Chartres, a participé à toute la cérémonie
et nous a suivis discrètement, pas à pas.

Je me suis approchée de lui, il m'a dit :

— Quelle journée miraculeuse ! La pluie est tombée à
verse tous les jours de cette semaine — c'est pourquoi je
porte mon vilain imperméable militaire —, et aujourd'hui
le soleil illumine cette superbe commémoration.

Un comité de liaison avait été créé pour solliciter des contributions à l'enrichissement du fonds de la Bibliothèque nationale de Belgrade, détruite pendant la guerre. André Malraux a répondu à son appel par le don du manuscrit de *La tête d'obsidienne*. Le 29 juin, il a écrit cette belle lettre :

> *Pour répondre à l'appel du comité de liaison créé en Sorbonne, j'ai remis à M. Zivorad Stojkovic le manuscrit de* La tête d'obsidienne, *qui doit vous être déjà parvenu.*
>
> *Je voudrais en quelques mots vous donner les raisons de ce don. Tandis qu'aux heures les plus sombres de la dernière guerre, après Varsovie, Rotterdam et Dunkerque, des nations encore épargnées remettaient aux puissances du Pacte à trois leur destin et leur territoire, Belgrade, un matin de printemps 1941, s'est soulevée. Avec tout son peuple, elle choisissait la liberté alors que le continent tout entier s'était soumis. Les représailles qui suivirent furent à la mesure de la rage que son insoumission avait suscitée. Dès les premières heures du bombardement de la ville, commencé sans déclaration de guerre, des dizaines de milliers de vies humaines étaient anéanties et, avec elles, la Bibliothèque, institution fondamentale de toute culture nationale.*
>
> *C'est en mémoire de ces événements que j'ai décidé de confier mon manuscrit à la Bibliothèque nationale de Serbie, aujourd'hui reconstruite. Je vois dans le destin de votre Bibliothèque le destin d'un peuple pour qui la culture et la liberté ne font qu'un. La dignité humaine, qui a toujours coûté cher à votre pays, inspire encore son indépendance.*

André travaillait dur.
Jean Guéhenno, qui allait publier un ouvrage impor-

tant : *L'indépendance de l'esprit - Correspondance entre Jean Guéhenno et Romain Rolland 1919-1944*, lui a demandé d'en écrire la préface. Mais oui, bien sûr !

Josette Clotis avait tenu des carnets intimes pendant sa vie avec André Malraux. Suzanne Chantal, une amie très proche, s'en était servie pour écrire *Le Cœur battant*[1], le livre que la mort avait empêché Josette d'écrire elle-même. Suzanne Chantal a souhaité une préface. Comment donc ! Elle a envoyé son texte à André... qui ne l'a pas lu. Il l'a sans doute entrouvert, mais il ne l'a pas gardé plus de dix minutes avant de me le remettre en me demandant de le renvoyer le lendemain. Ça ne l'a pas empêché de rédiger en guise de préface une lettre à l'auteur, émouvante et fort élogieuse — qui m'a semblé imméritée.

Jean-Marie Drot, lui, avait fait le projet d'une série pour la télévision composée de treize courts métrages, chacun consacré à l'art et à la culture d'une ville ou d'un pays. Elle s'est appelée *Journal de voyage*. Chaque film comportait, outre une illustration pittoresque de la région concernée, un dialogue entre Malraux et Drot fondé sur *L'irréel* et sur *L'intemporel*. Cette seconde œuvre était encore en chantier, aussi ces messieurs travaillaient-ils sur des textes dactylographiés, au fur et à mesure de leur rédaction.

Le tournage s'est étendu tout au long de cet été-là, et jusqu'à l'année suivante.

Balthus est venu à Paris. André l'a invité avec Germaine de Liencourt, une amie de l'un et de l'autre. J'étais flattée de me trouver à la table d'un aussi grand peintre. Ce plaisir devait m'être donné à nouveau peu de temps après.

Il y avait longtemps qu'aucun nuage n'avait assombri

1. Grasset, 1976.

248

notre ciel; mais voilà que nous avons déjeuné avec Marc et Vava Chagall. Chagall s'est lancé à décrire avec verve un grand bouquet qu'il avait entrepris de peindre et, dans le feu du discours, il a pris ma main qu'il a serrée tout en parlant. Je n'ai pas pensé à la retirer; cette situation anodine n'a même pas marqué ma mémoire.

Pendant le retour à Verrières, André n'a pas dit un mot. Je me perdais en conjectures, je m'inquiétais. Le soir, il n'était toujours pas sorti de son mutisme. À ce moment-là, exaspérée, j'ai osé :

— Mais qu'est-ce qui se passe ?

— Votre main.

Alors, je me suis souvenue de l'incident, et j'ai pu redresser la situation. Mais je souriais intérieurement.

Une autre histoire m'a laissée stupéfaite. Jackie Onassis passait la journée à Verrières, invitée par je ne sais plus qui de mes parents. André ne voulait la voir sous aucun prétexte et il avait fait fermer toutes les persiennes de son bureau.

Il avait rencontré Jackie Kennedy à Washington lorsqu'il y avait accompagné *La Joconde* et il était tombé sous son charme, au point de lui dédier, plus tard, l'édition américaine des *Antimémoires*. Or elle ne l'en avait jamais remercié, pas plus qu'elle ne lui avait fait part de son mariage avec Aristote Onassis. Il en avait été fort blessé.

Ce jour-là, à Verrières, toute la famille était au courant de la position d'André Malraux. Je me trouvais dans le passage qui longeait le bureau, où je faisais des aménagements, quand j'ai vu arriver mon père, tout sémillant. Jackie Onassis souhaitait voir André, Papa l'avait assurée qu'il parviendrait à lever l'interdit. Je lui ai dit :

— André ne veut pas voir Jackie.

— Je vais lui en parler moi-même.

— Ça ne lui plaira pas du tout.

Bref, j'ai joué mon rôle de cerbère et mon père est reparti, penaud.

Le soir, j'ai entendu André, d'un ton presque rêveur :

— Et si elle m'avait écrit, et que je n'aie pas reçu la lettre !

Claude Laurens - Maud Robart

Derrière le miroir était une luxueuse revue d'art éditée par Maeght. Dans chaque numéro était encartée une lithographie. André, qui les possédait tous, en avait fait encadrer une, à laquelle se rattachaient des souvenirs : du temps de son ministère, il avait commandé à Georges Braque une mosaïque pour décorer la tour qui devait être construite sur le site de la Halle aux vins, dans le cadre de la nouvelle université de Jussieu. Braque avait peint trois projets à l'huile sur papier. La lithographie de mon histoire correspondait à l'un d'eux. Elle représentait, elle suggérait plutôt un vol d'oiseaux, un bleu, des bruns, des blancs, sur fond ocre et bleu. Georges Braque est mort, la mosaïque n'a jamais existé. Mais dans l'entrée, à Verrières, la lithographie était accrochée à droite du *Jazz-band* de Dubuffet, en pendant à une autre, de Miró.

Claude Laurens, l'héritier de Georges Braque, qui avait en sa possession les originaux des projets pour la mosaïque, est venu à plusieurs reprises à Verrières, cette année-là. Une fois, il a dit à André Malraux :

— Si vous avez accroché cette œuvre de Braque dans votre entrée, c'est que vous l'aimez. Et puisque vous l'aimez, je vous fais cadeau de l'original — ou plutôt, je le donne à Sophie de Vilmorin, qui semble aussi intéressée que vous.

Une semblable générosité, un tel désintéressement sont rares et merveilleux.

Cet original si beau, je l'ai, aujourd'hui.

J'ai ce bien précieux, il m'est cher et je voue à Claude Laurens une reconnaissance sans bornes. Je l'ai prêté au musée Idemitsu à Tokyo, en 1978, où il a rejoint ses deux projets frères, le temps de l'exposition. Il s'y retrouvera lors de la nouvelle exposition André Malraux au musée Idemitsu [1], «André Malraux, notre ami», qui s'ouvrira à la fin du mois d'octobre 1998.

L'Espagne d'alors vivait sous le régime dictatorial de Franco, qui venait de faire condamner à mort, par des tribunaux d'exception, onze hommes et femmes rebelles, au mépris des règles fondamentales de la justice. L'indignation animait beaucoup de gens. Un message de protestation a été rédigé, que Claude Mauriac et Michel Foucault se proposaient de porter en personne au généralissime. Ils requéraient la signature de Malraux. Claude Mauriac raconte :

> [Il parle au téléphone à Michel Foucault] *Je viens de téléphoner à Malraux. J'ai eu Sophie de Vilmorin. Ça va être dur… D'abord il ne signe aucun texte collectif, jamais… Ensuite il a déjà refusé un grand nombre de fois, pour la même affaire, ces jours-ci. Enfin, Sophie de Vilmorin m'a dit : «Il est bloqué sur l'Espagne.» Elle a ajouté : «Et il ne demandera jamais rien à Franco. Jamais.» […] Je lui ai lu*

---

1. C'est aujourd'hui Shohuke Idemitsu, le fils et digne successeur de Sazo, qui anime le musée d'une vie toujours renouvelée.

le texte. [...] Je lui ai demandé de bien insister sur ce que cela avait d'exceptionnel...

[Appel de S. de V.]

— C'est bon. Il m'a dit : «Je considère que c'est une mauvaise idée... Ma signature, pour ce qui est de l'Espagne, est maléfique. Je suis condamné à mort en Espagne. À mon avis, ce serait aller à l'encontre de ce que nous voulons...» Mais puisque c'est Michel Foucault et vous qui le demandez, il vous laisse disposer de son nom. Il est, comme vous, ulcéré de ce qui se passe[1].

Paul Cousseran, préfet de la Haute-Savoie en 1973 au moment de la commémoration des Glières, avait été nommé dans le département de l'Essonne — où se trouve Verrières-le-Buisson. Sa femme Denise et lui nous avaient invités à déjeuner chez eux, à Évry, où André avait été intéressé de voir des peintures naïves. Paul Cousseran lui a raconté que son ami Louis Deblé, résistant et revenant d'un camp nazi comme lui, était ambassadeur en Haïti. Il lui avait rendu visite dans l'île lointaine, avait découvert là-bas une profusion de peintres naïfs et n'avait pu résister à l'achat de quelques tableaux.

Malraux analysait, dans *L'intemporel*, la peinture des enfants, celle des fous, c'est-à-dire l'art brut, celui qui ne se compare à aucun autre, qui n'a pas de références, mais aussi l'art naïf. Aller en Haïti le tentait. Le hasard a alors joué un rôle déterminant.

Le professeur Paul Ozenda[2], un ami de mon père, m'a téléphoné, un jour, à propos de Maud Robart, la femme d'un de ses collègues. Elle était haïtienne, métisse et

---

1. *Et comme l'espérance est violente*, Grasset, 1976.
2. Éminent botaniste, professeur à l'université de Grenoble.

peintre, et souhaitait mettre André Malraux au courant d'une expérience artistique qu'elle menait dans son pays.

Haïti est une île montagneuse d'une terrible pauvreté. À vingt kilomètres de Port-au-Prince, les habitants sont déjà coupés du monde. Illettrés, pieds nus et sans un sou, ils ne sont jamais descendus à la ville, ils ne connaissent pas les journaux, ils n'ont jamais vu d'images. Maud et son ami Tiga avaient une maison dans la montagne. Découvrant chez les paysans de leur hameau cette forme de virginité, si rare dans le monde, le parti qu'ils pouvaient en tirer leur est apparu. Ils ont acheté des pots de peinture rouge, bleue, verte, jaune, ainsi que des pinceaux et du papier, et ont mis le tout dans les mains de ces innocents, en leur disant :

— Faites ce que vous voulez.

Ils n'ont pas donné de conseils, ils n'ont pas parlé d'argent. Le mouvement « Saint-Soleil » — nom inventé par ces peintres d'un nouveau genre, eux-mêmes — avait pris naissance. Maud Robart a envoyé à André la photographie de certaines de ces réalisations. Cette affaire l'a intrigué au point de le décider à partir pour Haïti.

Avec l'aide de l'ambassadeur Louis Deblé, j'ai commencé à préparer un nouveau voyage, notre dernier voyage.

André Malraux aimait beaucoup le chocolat, les chocolats, surtout. J'en achetais de grandes boîtes — on dit des ballotins —, de façon qu'il n'en manque jamais. Il en avait une coupe dans son bureau, une autre sur sa table de chevet. Il aimait aussi les gâteaux, au point d'en désirer pour le dessert à tous les repas. J'allais chez Fauchon, j'allais chez Lenôtre, chez d'autres encore pour varier nos pâtisseries. Cet homme qui se délectait au restaurant des mets les plus délicats aimait, chez lui, la cuisine bourgeoise, les plats campagnards. Le petit salé aux lentilles, le cassoulet toulousain, le pot-au-feu et le bœuf bourguignon avaient sa prédilection. Ce régime alimentaire n'avait pas fait varier son poids de façon notable depuis des années.

Or, depuis l'automne, il grossissait un peu. Il était las parfois — à peine. Le docteur Bertagna venait comme toujours, régulièrement, et ne s'alarmait pas. Il est vrai qu'à la fin de la matinée lorsque arrivait Louis, André était en bonne forme. Et, évidemment, il ne se plaignait de rien. Un léger malaise s'insinuait en moi, néanmoins.

L'institut Charles-de-Gaulle avait organisé un colloque international à la salle des Horticulteurs, à Paris. André Malraux y a prononcé, le 23 novembre, un long discours commémorant le cinquième anniversaire de la mort du Général.

À la fin de la séance, je suis sortie devant lui, pour traverser la cour séparée de la rue par une porte cochère. Tout à coup, des exclamations m'ont fait me retourner vivement. André Malraux avait trébuché, il était tombé. Heureusement, pas de tout son long. Seul un genou avait touché le sol, durement. Les bras des nombreuses personnes qui l'entouraient l'avaient sans doute retenu à temps.

A-t-il été étourdi par la fraîcheur soudaine de l'air extérieur après sa longue prestation dans la chaleur de la salle ? N'a-t-il pas vu distinctement le petit trottoir qui courait le long de la cour ? Je sais seulement que son genou lui a fait mal pendant assez longtemps et que ma sourde inquiétude ne s'apaisait pas.

Pourtant, on aurait dit que tout allait bien. On s'arrachait *Hôtes de passage* dans les librairies de France et de Navarre, *L'intemporel* était en fabrication chez Gallimard, André Malraux avait commencé à écrire *L'homme précaire et la littérature*.

Haïti

Aller en Haïti posait à Malraux un problème de conscience. Il n'avait pas pour habitude de hanter les dictatures — mais il avait un besoin impérieux de regarder la peinture haïtienne.

Nous sommes donc partis, le 20 décembre 1975.

À l'aéroport, Philippe et François de Saint Cheron étaient avec nous dans la salle d'attente. Ils ont retenu et publié les propos échangés avec André Malraux :

> — *Le livre auquel vous travaillez en ce moment sera donc un essai sur la littérature ?*
>
> — *Essai, ce n'est pas un très bon terme. Exactement, j'applique l'inverse de la part doctrinale de mes livres sur l'art. Comment appelons-nous ça ? L'évolution de la littérature... D'abord, en ce qui concerne l'art... Il y avait eu la Vierge. Elle n'était pas la fille de la voisine, n'était ni l'apparence ni l'éphémère : la Vierge, c'était la Vérité, V majuscule* [1]

1. *L'Événement du jeudi*, 18-23 décembre 1986.

L'organisation du voyage n'était pas parfaite. Je m'en étais occupée dès que la décision en avait été prise, mais les touristes m'avaient depuis longtemps devancée. Nous aurions aimé rester en Haïti cinq ou six jours ; je n'ai pas trouvé de places dans les avions après le 20 décembre ni avant le 5 janvier. Cela faisait un long séjour. Trop long. Mais André avait voulu passer Noël aux Antilles.

Nous avons fait escale en Guadeloupe. Il était arrangé que nous resterions jusqu'au lendemain à Pointe-à-Pitre, chez le sous-préfet et Mme Jean-Pierre Domenc. L'aéroport du Rézé ! C'est de là que je m'étais envolée, dix ans plus tôt, mettant un terme définitif à ma vie conjugale. La touffeur moite des tropiques s'est abattue sur nous dès la porte de l'avion. Les crapauds-buffles coassaient-mugissaient dans la nuit subite.

La sous-préfecture était une belle maison en bois, de style colonial, située non loin du port. Dans le jardin rougeoyait un flamboyant près d'un groupe de frangipaniers et de palétuviers roses, parmi le foisonnement des crotons et des hibiscus dont les fleurs, nouvelles chaque jour, s'emplissent de la vibration colorée des oiseaux-mouches. À l'étage, le toit débordait pour abriter un large balcon sur lequel s'ouvraient les chambres.

À notre arrivée à Port-au-Prince, l'ambassadeur et Mme Deblé nous attendaient pour nous mener à l'El Rancho, hôtel moderne et confortable à la sortie de la ville, vers la hauteur. Nous nous sommes installés dans deux chambres communicantes. Les balcons donnaient sur une piscine en forme d'amibe agrémentée de palmiers, décor de film américain. Pour nous sentir au large, nous avions décidé que la plus grande des deux pièces serait notre salon et le bureau d'André pendant la journée, ma chambre à coucher, la nuit; la plus petite, où il dormait, serait mon bureau!

Louis et Marie Deblé ont tout mis en œuvre pour qu'André Malraux trouve en Haïti ce qu'il était venu y chercher. Marie connaissait toutes les galeries et savait renseigner André Malraux avec intelligence. Il était très content.

Moi, je n'étais pas très contente. Le voyage me plaisait, bien sûr, mais la santé d'André n'était pas ce qu'elle aurait dû être. Je le trouvais bouffi; son dynamisme et son entrain avaient diminué. Il ne prolongeait plus les soirées, et je restais seule dans ma grande chambre avec mon tricot, un pull-over que je confectionnais pour Mélanie : blanc ivoire avec des dessins en jacquard bruns et verts. Je lisais aussi l'histoire d'Haïti. Un matin André m'a dit :

— Où en êtes-vous de Toussaint Louverture?

— Pas bien loin, parce que...

— Ah, je vois! Vous avez tricoté votre livre.

Nous sommes allées à Soissons-la-Montagne rencontrer Maud Robart et Tiga. À l'arrivée, on longe le petit cimetière aux tombes désormais peinturlurées de couleurs vives, on dépasse le hameau; dans la campagne aride se dresse un chalet en pierre. Autour, la montagne dénudée, la terre pâle semée de cailloux. Le ciel est bleu, mais il ne fait pas chaud; c'est l'hiver et un petit vent prend sa fraîcheur dans les sommets. C'est là le lieu de Saint-Soleil.

Maud Robart nous a montré des dizaines de tableaux. Tous ne sont pas sur papier mais sur toile aussi, tous ne sont pas à la peinture Valentine du début; les paysans haïtiens ont pilé la pierre, écrasé les feuilles et les racines, créé des couleurs naturelles qu'ils ont délayées et étendues avec des baguettes tendres effrangées en pinceaux.

Ces réalisations sont étonnantes, car de ces gens, **qui ne** savaient rien, aucun n'a essayé de copier le spectacle familier. Pas d'arbre, ni de maison, ni de paysage; ils ont exprimé leurs rêves, leurs déités vaudou imaginées.

Maud, la très belle Maud, a laissé André choisir quatre peintures.

Malraux a décrit dans *L'intemporel* l'étrange et saisissante mise en scène qui nous a été présentée, quand, descendant de la montagne en deux longues files, les artisans de Saint-Soleil masqués par les tableaux qu'ils portaient, images vivement colorées aux jambettes noires, ont convergé vers nous en invoquant «André» de leurs voix gutturales.

En Haïti, les peintures naïves sont partout. Reconnues et consacrées dans l'église Épiscopale et au musée, exposées et valorisées dans les nombreuses galeries, alignées tout le long des trottoirs où les «artistes», assis en tailleur, espèrent un acheteur. Tous les jours, nous sommes allés d'une galerie à l'autre. André regardait, scrutait, comprenait, savait ce qu'il voulait en dire. Rentré à l'hôtel, il écrivait — et je tapais. Il travaillait le matin, avant le départ en promenade, et l'après-midi, dès le retour, jusqu'au moment d'aller dîner chez l'ambassadeur.

Il y a aussi, en Haïti, la peinture religieuse, naïve peut-être, mais avant tout vaudou. Pour la comprendre, André a demandé à assister à une cérémonie vaudou. Les Blancs n'y sont pas bienvenus, mais nous avons pu aller un soir dans une clairière où un grand monde était assemblé. On nous a fait asseoir sur des gradins, dans une tente. Au centre une femme a dansé, est entrée en transe, a incarné soudain la déesse... Il me semblait que toute l'assistance était habitée par des *loa*[1]. J'étais très mal à l'aise, presque

_____
1. Esprits vaudou.

effrayée. Heureusement, André a voulu partir rapidement. Il en avait compris suffisamment.

Le lendemain, nous sommes allés voir le peintre André Pierre, dans sa petite case en bois, près d'autres petites cases en bois, parmi les palmiers miteux, en guenilles, comme toute la végétation assoiffée. L'artiste venait de terminer une *Grande Brijite*, noire dans son ample robe violette, tenant de sa main gauche, par les cheveux, la tête de saint Jean-Baptiste. La peinture n'était pas sèche, c'était une commande... ce tableau n'était pas à vendre. Mais André Malraux le voulait vraiment. Nous l'avons emporté.

M. Jolicœur, le propriétaire de la plus importante galerie de Port-au-Prince, a voulu témoigner à André Malraux son admiration et sa joie de le rencontrer en lui faisant don d'un tableau de Saint-Brice, de ce prêtre vaudou dont André Breton avait reconnu le talent dès avant la guerre.

Port-au-Prince est une ville fourmillante. Elle fourmille de peintures, de gens, de petits autobus bariolés, de mendiants, de marchands. C'est pittoresque et soûlant. Nous avons passé longtemps au marché de fer où André a acheté des *loa* en tôle et des boîtes peintes, en lamelles de bois, que je voulais rapporter à mes filles.

Jacmel se trouve de l'autre côté de l'étroite péninsule qui souligne Haïti vers l'ouest. Ce n'était pas loin de Port-au-Prince, mais nulle route n'y menait. Nous avons pris l'avion pour un très court voyage : à peine dix minutes ! Petite ville calme et charmante, la peinture y est là à l'abri de la foule et de l'exubérance.

Autour de nous, le parler créole chantant, sans aspérités, que l'on croit comprendre. Non, c'est une autre langue.

260

André Malraux aurait voulu passer inaperçu, mais il était reconnu partout. La presse s'en est mêlée. Il a dû donner une interview impromptue :

> — *Vous avez fait référence au jazz. Mais est-ce par hasard que jazz et peinture haïtienne ont fleuri sur le même rameau de civilisation d'origine africaine ?*
> — *L'élément africain est évidemment capital à condition d'y ajouter que c'est l'élément africain hors de l'Afrique ; car il n'y a pas de jazz, et il ne pourrait pas y en avoir, en vraie Afrique. Et il n'y a pas non plus de Saint-Soleil possible, de liberté possible, analogue à celle d'ici. Ce n'est sûrement pas par hasard que l'Afrique, qui a une telle sculpture, n'a pas de peinture. C'est évidemment parce que quelque chose en elle se rebelle. Et ce n'est pas la question de la couleur : quand vous êtes dans les grandes villes du Niger les femmes ont des robes beaucoup plus colorées qu'ici, avec des immenses ramages à la Gauguin... Bon, à la rigueur il y a des chevrons sur les murs peints, mais la peinture, il n'y en a pas.*
> *Et, par contre, il y a cette sculpture géniale, alors que la sculpture, ici, est évidemment un art mineur.*

Alors est survenue l'invitation de Jean-Claude Duvalier. Si André Malraux n'avait pas été d'accord avec cette invitation éventuelle — probable — du dictateur avant même d'entreprendre le voyage, il ne serait pas allé en Haïti. Certainement, il avait espéré pouvoir garder l'incognito ; mais c'était perdu d'avance quand on était lui. Je pense qu'il a accepté de faillir, parce qu'il voulait voir les peintures, parce qu'il devait les voir pour accomplir le cycle de sa pensée.

Le mal qui l'a tué était déjà en lui. Le savait-il ? Savait-il qu'il ne pouvait remettre son voyage, qu'il n'avait pas le temps d'attendre la délivrance d'Haïti?

Les deux hommes se sont rencontrés, Jean-Claude Duvalier a donné à André Malraux un grand et beau tableau, *Adam et Ève chassés du paradis terrestre*, de Latortue.

Haïti n'est pas un pays très étendu, mais les routes étaient à peine praticables, en ce temps-là. Nous sommes allés à Cap-Haïtien en hélicoptère, survolant le nord de la cordillère qui va s'éteindre dans l'océan. La Citadelle, où s'abrite le château de Sans-Souci du roi Christophe, dresse ses hauts murs moussus percés de meurtrières dans la montagne à laquelle s'adosse la ville. L'hélicoptère nous y a déposés et nous avons marché sur la terrasse déserte en rêvant à cet esclave affranchi qui a tant combattu pour la liberté de son pays, avant de se donner la mort, abandonné de tous.

> [...] ; *le château incendié de Sans-Souci, crevé d'un soleil qui n'en chasse pas les ombres, autour du masque de théâtre et de ténèbres de sa Melpomène calcinée ; la citadelle saturnienne, jamais attaquée, jamais habitée que par les zombis de ceux qui l'ont construite, dessin de Victor Hugo bosselé des canons trapus pris aux marines royales*[1].

Nous avons rendu visite à Philomé Obin, peintre de renom. Il attendait André Malraux dans sa maison, entouré de sa famille endimanchée. La poignée de main des deux hommes a été presque émouvante. M. Vixamar, le préfet du Cap, donnait ensuite un grand déjeuner.

Louis Deblé précise : «Nous étions une vingtaine à table. Notre hôte avait insisté pour prononcer quelques paroles

---

1. *L'intemporel, op. cit.*

à la fin du repas. Malraux avait accepté à la condition que ce fût l'ambassadeur qui répondît. Citant de larges extraits de *La condition humaine*, œuvre qui avait marqué une génération d'Haïtiens, brossant à grands traits les épisodes de *L'espoir*, l'orateur, dont le ton s'amplifiait au fil de la péroraison, termina en détachant ses mots comme un acteur sur scène : "Mes amis, en recevant aujourd'hui André Malraux, n'avez-vous pas l'impression, qu'autour de cette table... rôde l'ombre... du général de Gaulle?" L'émotion était à son comble ; André Malraux cachait mal son bouleversement. Quant à moi, je ne me souviens plus de la réponse que j'improvisai. »

L'après-midi, nous avons acheté un tableau représentant des soldats à cheval montant à la Citadelle.

1976 - La mort
d'André Malraux

Quand j'ai apporté à Beuret le beau texte sur Haïti et Saint-Soleil qu'André Malraux avait écrit pendant le voyage et fignolé au retour, il m'a foudroyée du regard :

— Vous pouvez dire à André que c'est trop tard. *L'intemporel* est composé. Nous en sommes aux illustrations et toutes les réserves sont déterminées. On ne peut pas recommencer. Ce serait trop cher. Et ça nous mettrait trop en retard.

Mais André ne l'entendait pas de cette oreille.

— Dites à Beuret que je veux que ce texte entre dans mon livre. Avec les images. Tant pis si c'est cher !

Le texte a été intégré. Les images aussi. Mais la parution de *L'intemporel* en a été retardée jusqu'au mois d'octobre.

André Malraux écrivait *L'homme précaire*.

Il travaillait avec intensité, avec lucidité, mais je savais qu'il était malade. Il me semblait de plus en plus gonflé, il avait perpétuellement froid, il parlait moins. Pendant tout le mois de janvier, il a vu dix personnes à peine.

Les gens autour de nous s'apercevaient-ils de quelque

264

chose? Ce n'est pas sûr. Dans la journée, André était actif et semblable à lui-même, on pouvait mettre son embonpoint sur le compte des chocolats (j'avais dû faire allonger la ceinture de la veste de cuir qu'il affectionnait). Il s'était plu à changer l'accrochage des tableaux dans la maison, pour installer ceux que nous avions rapportés des Antilles. Flo, qui était venue inspecter cet important remaniement de notre décor, avait aimé retrouver son père assidu à son travail littéraire. Louis Bertagna avait revu son «paroissien» et ne m'avait fait part d'aucune inquiétude.

Au mois de février, André a reçu Maud Robart à qui il avait promis de s'occuper d'une éventuelle exposition Saint-Soleil à la fondation Macght. Jean Grosjean est venu un après-midi. Nous avons déjeuné avec Aimé Maeght quelques jours plus tard.

Le mercredi 10 mars, le téléphone intérieur a sonné chez moi d'un «tic, tic, tic» désordonné. Dans l'appareil, un bruit méconnaissable. J'ai bondi au rez-de-chaussée.

André Malraux, assis à son bureau, hagard et claquant des dents, oscillait d'un large mouvement de pendule, les mains crispées aux bras de son fauteuil, les épaules et les bras secoués de tremblements.

Le remplaçant du médecin habituel a pu arriver dans les cinq minutes. Il m'a dit :

— C'est le grand frisson intense, prolongé et solennel. J'ai appris que ça existait, mais c'est la première fois que je l'observe.

Ce n'était pas rassurant, mais il a su cependant administrer des premiers soins efficaces. Terzo et lui ont mis le malade au lit. Il avait une grippe grave.

André Malraux avait commencé de mourir d'un cancer cutané de grande malignité, situé dans la région pubienne et déjà diffusé dans les ganglions de l'aine.

André Malraux était presque prude à force de pudeur. Il n'avait pas un bon rapport avec son corps et tout ce qui touchait à son fonctionnement lui était très déplaisant. Il aurait aimé être un pur esprit, ou mieux, une pure intelligence, désincarnée. Et voilà ce qui lui arrivait !

À ce moment-là, ni Florence, ni Louis, ni moi ne connaissions la vérité. André, qui subissait les symptômes de son mal, savait, lui — peut-être.

Il ne parlait évidemment pas de sa santé, puisqu'il ne parlait jamais de lui-même. Le malheur est qu'il n'en parlait même pas à son médecin, ou incomplètement ; tout comme il ne se dévêtait devant lui qu'en partie. Quant au médecin, il n'osait pas insister pour explorer l'intimité corporelle de son patient, en raison de son intimidante célébrité.

Nous étions à la veille du printemps. André se laissait dorloter et guérissait lentement de sa grippe. Flo lui apportait des livres : Soljenitsyne, Kundera ; mais il était fatigué et lisait surtout les James Hadley Chase que j'allais chercher chez mon cousin Joseph qui en avait la collection quasi complète. Encore chancelant, il a reçu Edgar Faure le 23 mars et il a déjeuné avec Colette Fouchet, deux jours plus tard. Mais il a aussitôt rechuté.

Il n'a pu reprendre une vie à peu près normale que le 1er avril. Il a même participé alors à une émission télévisée en direct avec Yves Mourousi et Jacques Legris.

Le 3 avril, a eu lieu un événement hors du commun : Alain Malraux est venu présenter sa fiancée, Priscilla, à son demi-oncle-beau-père[1]. C'était la première fois qu'il le voyait depuis son installation à Verrières.

J'aimerais pouvoir donner des détails sur cette visite, mais je sais seulement ce qu'Alain Malraux en a écrit dans *Les marronniers de Boulogne*[2]. André ne voulait pas me parler de sa famille et encore moins des sentiments qu'il éprouvait. J'ai bien essayé, le soir, de lui extirper quelques informations : ce fut peine perdue.

Claire est arrivée de Toulouse pour fêter son dix-huitième anniversaire. Elle venait tous les mois, mais elle a fait là un petit séjour supplémentaire.

André Malraux a reçu Françoise Giroud un après-midi, et Pierre Lefranc pour les questions touchant l'institut Charles-de-Gaulle. Il a invité Ludmilla Tcherina à déjeuner le 15 avril pour la dernière fois.

Il sortait très peu, mais il écrivait opiniâtrement *L'homme précaire*.

Parfois, j'entrais dans son bureau et me glissais derrière son fauteuil. Je posais ma tête contre la sienne, mes bras autour de son cou. Je sentais sa tempe battre contre ma peau et je m'enivrais de tendresse. Lui cessait d'écrire, rangeait ses crayons bien droit, posait ses mains sur sa table comme un enfant sage et attendait. Je croyais l'entendre ronronner — ou était-ce les battements de son sang ?

Il était malade.

J'allais toutes les semaines au laboratoire faire faire des

1. Roland Malraux, demi-frère d'André, était marié à Madeleine Lioux. Ils avaient un fils, Alain. Roland est mort. Josette Clotis, qui vivait avec André et lui avait donné deux fils, est morte aussi. À la fin de la guerre, André a épousé Madeleine.
2. Plon, 1978.

analyses et chercher des résultats, qui étaient toujours mauvais et ne précisaient rien.

Au mois de mai, André Malraux a déployé une assez grande activité. Il a enregistré pour la télévision un nouveau volet du *Journal de voyage* de Jean-Marie Drot, et a été invité à parler à l'Assemblée nationale, dans le cadre de la commission des libertés :

> *Qu'est-ce que la liberté de ne rien faire si personne n'est là pour vous en empêcher? Au cours de l'histoire, les sources de contraintes se sont succédé : pour le XVIIIᵉ siècle, c'était les privilèges et la religion; pour la Convention, c'était les rois; pour Marx et Lénine, c'était le capital.*
>
> *En fait, toute grande idéologie politique est la dénonciation d'une contrainte fondamentale et l'organisation de la lutte contre elle. Déterminer les contraintes est donc le seul moyen de déterminer les libertés et leur ordre d'urgence dans des conditions déterminées : une nation, la France, démocratie occidentale, fait face, au cours du dernier quart du XXᵉ siècle, à une crise de civilisation que chacun constate et que nul ne définit. Toutefois, dans cette crise, nous distinguons des caractères, dont le premier est le drame de la jeunesse que nous étudierons en dernier en raison de ses immenses conséquences.*

André mangeait de moins en moins et gonflait de plus en plus. Il a dû aller chez Lanvin se faire faire de nouveaux costumes.

La projection du premier film de la série de Drot a eu lieu le 3 juin.

Heureusement que Flo venait presque toutes les semaines ! Dieu sait qu'il a été important pour moi de pouvoir partager avec une Florence à l'affection si présente les difficiles, les tristes moments qui allaient advenir.

Cette année-là, la sécheresse a été dramatique. Il n'est pas tombé une goutte d'eau de mai à septembre. La chaleur était écrasante sous le ciel implacablement bleu. Le cataclysme était si grand que dans toute la France les paysans se sont mis à faire des processions vers les sanctuaires de la Vierge Marie ou des saints, en implorant la pluie.

Louis Bertagna se préoccupait d'André Malraux sans relâche et appelait auprès de lui les médecins les plus compétents. Le diagnostic exact a été fait le 30 juillet : il fallait opérer. Bertagna a trouvé un excellent chirurgien, malgré les vacances. L'entrée à la clinique Hartmann, à Neuilly, a eu lieu le 2 août, l'opération le 4 août. Nous sommes rentrés à Verrières le 28 de ce même mois. J'avais transformé le salon en chambre à coucher pour André.

C'est le moment que Terzo a choisi pour nous quitter définitivement. Pendant ses vacances en Italie, on lui avait proposé un poste de carabinier, je crois. C'était une chance inespérée qu'il devait saisir immédiatement! Il a accepté et n'est revenu à Verrières en septembre que pour faire ses bagages.

J'ai pu le remplacer par un jeune Égyptien, Ahmed Nada.

André entrait à nouveau dans la vie. Il s'était remis à écrire. La première personne qu'il a reçue, le 22 septembre, a été Pierre Lefranc. Celui-ci a pris des notes de cet entretien et a bien voulu me les communiquer :

Je ne sais comment la conversation s'est portée sur la mort. Il n'en a pas peur : « Un long sommeil », me dit-il. [...]
Il me précise, avec une certaine fierté, qu'il est resté une

heure trente sur la table d'opération. Il a été très fatigué. «Maintenant ça repart, j'écris presque automatiquement, la pensée marche bien. [...] Je fais le musée imaginaire pour la littérature, les chapitres s'enchaînent aux chapitres. »

Nous parlons alors de la marche de l'institut Charles-de-Gaulle et notamment d'un projet d'émission sur la première chaîne, consacrée au Général. Il me donne son accord pour y participer si c'est moi qui la fais, il a confiance. Mais s'il doit paraître, s'exprimer, pas avant le mois de mars.

Il faisait des projets pour le printemps!

Oui, il allait mieux, il avait pu réintégrer sa chambrette au second étage. Le 30 septembre, Dominique Desanti est venue le voir. Elle écrivait un livre sur Drieu la Rochelle et voulait en parler avec lui.

Plus personne ne lui a rendu visite après elle.

Les médecins, en effet, attendaient précisément que le malade récupère quelque force pour commencer la chimiothérapie, ce vrai cauchemar.

Que savait André Malraux de sa maladie?

Nous appelons maladies mortelles les maladies dont on meurt; comment appeler celles dont on pourrait mourir?

Il a écrit cela dans Lazare, en pensant à sa propre maladie d'alors. Ce n'était pas une réflexion théorique, mais bien appliquée à lui-même. Et il n'avait pas pour habitude d'écrire pour ne rien dire.

Les médecins qui le suivaient ne lui ont pas dit qu'il avait le cancer. Ce mot n'a jamais été prononcé par lui, ni par moi. Je pense qu'il l'avait deviné. Il connaissait, en tout cas, la gravité de son mal. Un matin, je l'ai trouvé pâle, les traits décomposés. En moi, tout l'amour que je

270

portais à cet homme a gémi d'angoisse, mais ne voulant pas l'alarmer, j'ai dit simplement :

— Vous avez l'air un peu fatigué, ce matin.

— Ne dites pas «un peu fatigué». Vous savez bien que je suis très malade.

Il a insisté sur le mot «très». J'en ai eu les larmes aux yeux.

En accord avec Bertagna, un spécialiste a décidé de pratiquer une chimiothérapie aussi peu invalidante que possible, ne nécessitant pas d'hospitalisation et n'entraînant pas la perte des cheveux. Il s'agissait d'un traitement par injections. Cette chimiothérapie était extrêmement désagréable au malade qui en souffrait beaucoup; il avait à peine le temps de se remettre, d'une série de piqûres à l'autre. Je l'entends encore me dire, avec un espoir dramatique :

— Plus que trois! en dressant trois doigts de sa main.

J'ai déjà raconté que Malraux avait mené *L'homme précaire et la littérature* à son terme; j'avais porté la fin du manuscrit chez Gallimard dans les derniers jours d'octobre. Il a pourtant écrit encore quelques feuillets. Ces pages ultimes ont été insérées par Albert Beuret quelque part à l'intérieur du livre. Ce ne sont pas les dernières. Plus tard, nous n'avons pas su les reconnaître.

Marie Deblé était à Paris. Elle a eu grande envie qu'André Malraux lui mette un mot dans *L'intemporel*. Ce fut sa dernière dédicace. Je n'ai pas eu le cœur de lui demander de faire cet effort pour moi-même.

Le 12 novembre, l'ambassadeur du Mexique est venu à Verrières remettre à André Malraux le prix Alfonso Reyes, le prix littéraire mexicain le plus important. Je l'ai reçu pour lui.

Le matin du samedi 13 novembre, André a pris son bain quotidien. Mais, ce jour-là, il a malencontreusement retiré le bouchon de la bonde avant de sortir de la baignoire, l'eau s'est enfuie rapidement, il n'a pas eu la force de se mettre debout. Il a alors pensé à remplir à nouveau la baignoire — mais il n'y avait plus d'eau chaude.

Bain fatal!

Le soir, cet homme malade l'était doublement. Il frissonnait. Le lendemain matin, il avait une température de 40°.

Bertagna a immédiatement remué ciel et terre. Dimanche ou pas, il a fait venir à Verrières des spécialistes qui ont pris des radios, fait des examens. Il a eu les résultats le lundi et organisé l'hospitalisation d'André au CHU Henri-Mondor de Créteil le soir même.

Il était onze heures. Janine s'était levée pour préparer une petite valise. André savait qu'il devait aller à l'hôpital; il avait fait plusieurs fois ce chemin, sans angoisse apparente, mais, cette nuit-là, il s'y refusait. Quand il a été arraché de son lit et emporté, son regard éperdu disait le désespoir.

Sur son petit bloc, il avait griffonné : «Ça devrait être autrement. »

Les ambulanciers ne savaient pas qui ils avaient transporté, car Louis et moi voulions garder l'anonymat d'André Malraux, mais à l'entrée de l'hôpital, il a fallu donner l'identité du malade. Les ambulanciers tendaient l'oreille, a tout hasard, et l'ont entendue. Quelle aubaine pour eux que ce nom prestigieux! Ils l'ont instantanément transmis à la presse, selon l'usage de leur profession. Les journalistes ont alors investi l'hôpital. Constamment à l'affût, ils

ça devrait être
autrement

m'obligeaient à circuler le bras levé devant mon visage pour déjouer le projet des photographes ; dès que je quittais le service des urgences — dans lequel, heureusement, nul ne pouvait s'infiltrer — ils m'assaillaient de questions que j'éludais par la fuite. Florence était tout autant victime de leurs agressions. C'était au professeur Rapin de

273

radiodiffuser, chaque jour, le bulletin de santé d'André Malraux.

Ahmed était plein de sollicitude. Il venait me chercher si j'avais affaire à Verrières. Il m'apportait ce que je lui demandais, remportait ce dont nous n'aurions plus besoin. Florence venait tous les jours, Louis aussi.

André a lutté pendant sept jours et huit nuits contre la mort, avec des mieux et des pires, dans le service des urgences du professeur Maurice Rapin. Après la pneumonie, la métastase pulmonaire : bientôt ce médecin nous a dit de perdre espoir, que la fin était proche.

Le soir, restée seule, j'allais passer un moment dans la chambre de mon cher mourant. Cette nuit de lundi, il divaguait — mais pas tout le temps. Je caressais sa main, je lui ai dit :

— Je vous aime.

Et sa main, doucement, a pressé la mienne.

Au matin, il a quitté ce monde. C'était le 23 novembre 1976.

Ô la dernière pression, si faible, de la main d'André Malraux ! Ô mon André !

Pendant vingt ans j'ai fleuri sa tombe dans le cimetière de Verrières, en face de celle d'Honoré d'Estienne d'Orves. Il était encore un peu à moi, alors ; je pouvais entourer son tombeau de mes soins. Et puis, il est parti.

Il est allé au Panthéon. Il voulait y être. Il y est à sa place.

C'est à Florence que je dois d'avoir été invitée à la cérémonie du transfert d'André Malraux au Panthéon, le jour du vingtième anniversaire de sa mort. Les quelques personnes qui m'avaient connue ne connaissaient pas la fer-

274

veur des sentiments qui nous avaient liés, sauf elle. Ma position restait latérale, puisque aucune signature n'avait pu sanctionner une relation conjugale en vérité parfaite.

C'est à Florence que je dois d'avoir déjeuné à l'Élysée, ce jour-là, de m'être trouvée dans la tribune présidentielle réservée à la famille d'André Malraux, d'être entrée avec elle dans le Panthéon, derrière le cercueil de l'homme de mes rêves vécus, de l'homme dont je suis veuve, de celui que j'aime encore.

Janvier 1997.

Florence m'a invitée à dîner chez Lasserre.

Murmure à mon arrivée... Les jeunes employés ne me connaissent guère, mais celui qui m'a reconnue à ma descente d'automobile glisse mon nom au suivant, qui m'accompagne à l'ascenseur. Celui-ci le répète au liftier qui, à l'étage du restaurant, veut à son tour transmettre le message, mais le vieux maître d'hôtel le retient. Il se souvient, et me le dit de façon émouvante en me menant à la table qu'André et moi occupions lorsque nous étions seuls.

Je suis en avance. Je demande un verre de champagne et me laisse envahir par mes souvenirs d'André dans ce lieu. Ses yeux se sont familiarisés pendant des années avec ce décor à la mode dans sa jeunesse, démodé de mon temps, archaïque ce soir où j'attends sa fille, qui sait ce que je ressens en regardant les volants jaune miel bordés d'un galon d'or qui se pressent dans l'arrondi des baies ouvrant sur le palais de la Découverte.

Elle me dit :

— Il est temps que tu écrives ton livre...

QUELQUES PENSÉES POUR...

Sazo Idemitsu

Une exposition « André Malraux » a eu lieu au musée de l'Ordre de la Libération, pour le premier anniversaire de sa mort, admirablement réalisée par le conservateur, Michelle Michel, Tadao Takemoto a suggéré à M. Sazo Idemitsu d'en consacrer une à son tour au grand ami de leur pays. La superbe exposition intitulée « André Malraux et le Japon éternel », à laquelle Michelle Michel a beaucoup contribué, a eu lieu l'année suivante au musée Idemitsu. Elle comportait même une reconstitution du bureau de Malraux. À Verrières, cette pièce n'existait déjà plus, elle était redevenue le fumoir d'antan.

M. Idemitsu m'a invitée à séjourner au Japon au moment de cette exposition. N'ayant pas le cœur de participer aux mondanités de l'inauguration, ni l'envie de faire le voyage toute seule, je lui ai demandé de retarder mon arrivée et d'être accompagnée de mes filles. Ce généreux mécène m'a fait le beau cadeau de les inviter avec moi et il nous a offert une semaine de voyage souvenir à Hakone, à Kyoto, a Nara, à l'île aux perles de Mikimoto. M. Takashi Eto a été, envers mes filles et moi, d'une inoubliable sollicitude.

Nous avons visité l'exposition le jour anniversaire de la mort d'André Malraux. Les Japonais qu'André et moi avions rencontrés et tant appréciés pendant notre voyage, quatre ans auparavant, étaient tous venus, S.E. M. Hagiwara, Takio Ena, Hidemi Ima, Toru Takahashi. Conscients de l'émotion qui m'habitait, ils ont voulu me manifester leur fidélité. Ils étaient là aussi, l'après-midi, à la cérémonie du thé solennelle, accomplie en souvenir d'André Malraux. On eût dit cette célébration religieuse.

J'ai vivant en moi le souvenir de l'amitié, de la générosité, de la fidélité que m'a témoignées le Japon.

Philippe et François de Saint Cheron

Après la mort d'André Malraux, ils ont, ensemble, écrit *Notre Malraux*[1], un livre sensible et émouvant; un témoignage très intéressant, aussi.

Philippe de Saint Cheron, outre ses activités au ministère de la Culture, consacre une grande partie de sa réflexion à la pensée juive contemporaine, sans pour autant se détacher d'André Malraux. Il est devenu le spécialiste français du prix Nobel de la paix Élie Wiesel et a, notamment, dirigé la publication des actes du colloque *Une parole pour l'avenir*[2], qui lui fut consacré à Cerisy. Il a publié *Le mal et l'exil*[3] et m'a dédié son plus beau livre, *Élie Wiesel, le pèlerin de la mémoire*[4].

1. *Op. cit.*
2. Éditions Odile Jacob, 1996.
3. Nouvelle Cité, 1988.
4. Nouvelle édition corrigée, Bayard Éditions, octobre 1998.

François de Saint Cheron, maître de conférences à la Sorbonne, est l'un des plus grands spécialistes d'André Malraux en France. Il a écrit une thèse de doctorat remarquable, consacrée à la pensée sur l'art d'André Malraux, et publié *L'esthétique de Malraux*[1].

Il m'a demandé d'être la marraine de son fils, Jean.

J'ai été un témoin du mariage de l'un et de l'autre, et j'inclus leurs femmes et leurs enfants dans mon amitié.

Je n'aurais pas pu écrire mon livre sans eux. Ils m'ont soutenue et encouragée dès la première ligne. Ils ont mis à ma disposition leur prodigieuse mémoire, leur documentation, leurs archives. Ils ont recherché les renseignements dont j'avais besoin, ils ont téléphoné, couru, photocopié, écrit...

Ils m'ont donné leur peine et leur temps. Ils m'ont témoigné leur inlassable affection.

Louis et Marie Deblé

S.E. M. Louis Deblé et son épouse ont été nos anges gardiens pendant notre séjour en Haïti. Nous avons été accueillis à leur résidence chaque jour. Nous y avons pris nos repas, nous y avons passé avec eux le soir de Noël, celui de la Saint-Sylvestre. Nous avons échangé des relations simples et amicales qui ont merveilleusement agrémenté ces deux semaines.

---

1. Sedes, 1996.

Lise Dunoyer

Lise Dunoyer avait été engagée par Aimé Maeght pour établir le catalogue de la grande exposition de l'été 1973. Cette femme mince, à la chevelure très courte, était l'amie des anciens de la brigade Alsace-Lorraine et, singulièrement, de leur aumônier Bockel. Inlassablement patiente et précise, elle semblait, à l'abord, se définir par la douceur, mais le regard de ses yeux très noirs trahissait sa lutte contre des tourments qu'elle taisait. Une dure passion l'habitait, ombrée de tristesse.

Dans le courant du mois de novembre, Lise est venue à Verrières nous rapporter les documents qu'André Malraux avait prêtés à la fondation Maeght pour l'exposition. Elle a vu des cartons dans l'entrée et je lui ai parlé de mon angoisse à la pensée d'avoir à classer un jour ces centaines de volumes. Elle m'a dit simplement :

— Quand vos rayonnages seront en place, je viendrai ranger les livres d'André Malraux. Pour vous faire plaisir.

Le temps est venu. Lise Dunoyer, silencieuse et efficace, perchée sur une échelle, a classé et rangé les livres durant des semaines. Elle prenait les décisions nécessaires, nous en parlions de temps en temps, mais elle ne me dérangeait pas et elle ne demandait pas à voir André Malraux. Elle accomplissait un acte d'amitié pure.

Ahmed Nada

Ce jeune Égyptien, qui avait fait des études supérieures mais n'avait pas les papiers nécessaires pour travailler en France, a su pratiquer un métier qu'il ne connaissait pas avec une conscience et un soin remarquables. Sans aucune servilité, il nous a entourés d'attentions et s'est attaché à nous rendre service de mille manières. Il m'a envoyé un mot tous les ans pendant longtemps. J'espère qu'il lira ces lignes par lesquelles je veux lui dire ma reconnaissance.

Composition Euronumérique.
Impression Bussière Camedan Imprimeries
à Saint-Amand (Cher), le 4 mai 1999.
Dépôt légal : mai 1999.
1ᵉʳ dépôt légal : avril 1999.
Numéro d'imprimeur : 992069/1.
ISBN 2-07-075516-9./Imprimé en France.